나의 첫
NFT
투자 수업

나의 첫 NFT 투자 수업

황정환
박지영
김현호
지음

강민주
감수

메타버스 시대, 무조건 돈이 되는 NFT 투자 공식

현장 전문가들의
사려 깊은
NFT 투자 설명서

_강민주(법무법인(유) 한별 IP·블록체인·IT 자문팀 파트너 변호사)

가상 자산 투자 열풍에 이어 NFT 투자 열풍이 뜨겁습니다. 세대를 불문하고 NFT 투자에 큰 관심이 쏠리고 있지만, NFT는 가상 자산으로 거래되고 작품의 가치를 가늠하기가 상대적으로 어렵다는 점 때문에 친숙하지 않은 분들은 선뜻 투자를 시작하기가 어렵다는 이야기를 많이 듣습니다. 도대체 NFT가 어떤 가치가 있느냐고 의심하는 시선도 있습니다.

이런 분들에게 《나의 첫 NFT 투자 수업》은 맞춤형 안내서입니다. 이 책을 읽고 나면 쏟아져 나오는 수많은 NFT 중 좋은 NFT를 선별하는 기준을 세울 수 있고, 투자를 하기 위한 배경 지식과 투자 용어, 투자 절차를 배울 수 있으며, 나아가 NFT 비즈니스에 대한 이해도 넓힐 수 있습니다.

현업에 있는 투자자들과 NFT를 이용해 비즈니스를 진행하는 창업가가 생생한 경험과 분석을 바탕으로 집필했다는 점도 지금까지 봐왔던 NFT 책들과는 다른 특별한 점입니다. 이런 저자들의 프로필 덕분에 '더욱 사려 깊은' NFT 투자서가 탄생했습니다. 시중에서 흔히 볼 수 있는 콘텐츠들처럼 무조건 긍정적인 전망을 하며 투자를 부채질하기보다는 신중해야 할 부분까지 꼼꼼히 짚으면서 초보자들의 성공적인 투자를 돕습니다. 그 뜻에 동의하여 지식재산권과 블록체인 비즈니스에 대한 법률 자문을 하고 있는 저도 콘텐츠 감수를 맡아 내용의 신뢰도를 높이는 데에 힘을 보탰습니다.

NFT 시장은 아직 초기 단계이기에 향후 보완될 부분이 많이 있습니다. 그럼에도 불구하고 이렇게 많은 사람들이 NFT에 관심을 가지는 이유는 '무한한 가능성' 때문입니다.

NFT를 흔히 '디지털 등기부 등본'이라고 말합니다. 소유권을 증명한다는 점에서는 우리가 일상적으로 사용하는 등기부 등본과 같은 역할을 하지만, 그 방식은 전혀 다릅니다. 부동산의 소유권은 '국가'라는 중앙 기관에서 인증하는 문서를 통해 공신력이 인정됩니다. 반면 NFT는 블록체인 기술을 통해 그동안 국가가 해오던 위변조 방지, 거래 이력 추적과 같은 기능을 구현시킴으로써 공신력을 인정받을 수 있게 합니다. NFT는 이렇게 중앙 기관에서 모든 문서를 관리할 때의 분실, 위조 가능성을 차단하는 '투명한' 기술이며, 구성원들이 서로를 증명하는 '탈권력적인' 기술이기에 시대의 흐름과도 상통합니다.

향후 사회적 합의에 따라 NFT에 등기부 등본과 유사한 효력이 인정된다면 NFT는 디지털 콘텐츠를 넘어 다양한 실물 자산에 연동되어 소유권을 증명하는 증표로 사용될 것입니다. 게다가 분할 소유와 관리가 용이하다는 NFT의 특성상 시장의 확대 가능성도 무한하다는 것이 전문가들의 의견입니다.

이렇게 짧은 기간에 큰 주목을 받고 있는 만큼 NFT와 관련된 법적 이슈도 많이 발생하고 있습니다. 새로운 기술이 도입되어 제도적 뒷받침이 마련되기 전까지 겪는 필연적인 문제이지만, 피할 수 있다면 좋겠죠. 그래서 감수사를 통해 제가 현장에서 법률 상담을 하며 정리한 'NFT 투자 시 유의할 점 세 가지'를 말씀드리고자 합니다. 처음 NFT를 거래하는 분들이 간과할 수 있는 매우 중요한 것들만 짚었으니 꼭 염두에 두셨으면 합니다.

첫째, NFT는 블록체인 기술을 통해 토큰 자체에 대한 소유권을 증명할 수 있을 뿐, 민팅된 디지털 자산에 대한 저작권이나 기타 지식재산권에 대해서는 입증하지 못합니다. 그러므로 NFT를 가지고 있다고 해서 민팅된 디지털 자산을 마음대로 SNS에 게시하거나 상품화할 수 있는 권한이 당연히 부여되는 것이 아닙니다.

최근에는 상업적 이용 권한까지 부여하는 경우도 있지만, 개인적 용도로만 사용을 허가하는 경우가 많고, 극단적으로는 NFT 보유자에게 NFT 보유 외 어떠한 저작물 이용도 금지하는 경우도 있습니다. 때문에, 투자 시 반드시 마켓플레이스의 약관과 판매자의 라이선스 정책을 꼼꼼하게 확인해야 합니다. 약관이 제대로 마련되어 있지 않다거나, NFT가 프라이빗 체인으로 전송된다면 운영자가 서비스를 종료하는 경우 NFT를 더 이상 확인하거나 이용하지 못할 위험이 있기 때문입니다.

또 오픈시(Opensea)와 같은 P2P 방식 마켓플레이스에서는 판매되는 디지털 자산에 대해 보증 책임을 지지 않기 때문에 구매자는 해당 디지털 자산이 정당한 권리자가 민팅한 것이 맞는지, NFT를 어느 범위까지 이용할 수 있는지 확인할 책임이 있습니다.

둘째, NFT 시장은 아직 법률적으로 정리된 시장이 아니다 보니, 내가 산 NFT가 위작이었다거나, 해킹 피해를 입었을 경우 이에 대한 구제 절차가 다소 미흡하다는 점을 염두에 두어야 합니다. 특히 마켓플레이스 상당수가 해외에 소재하기 때문에, 피해가 발생했을 때 국가 간 법 적용의 차이 등 복잡한 이슈가 발생할 수 있습니다.

셋째, NFT가 소유권을 입증한다는 신뢰성은, 블록체인에 소유자 정보 및 거래 이력이 저장되어 위변조가 불가능하고 투명하게 추적될 수 있다는 점에 기인합니다. 그런데 사실상 디지털 자산

자체는 용량 등의 문제로 블록체인에 기록이 되지 않습니다. 썸네일만 기록되거나 중앙 서버 또는 IPFS(분산형 파일 저장 시스템)에 저장되어 링크만 기록되는 형태로 발행되죠. 이 때문에 만일 디지털 자산의 원본 파일을 보관하고 있는 서버에 문제가 생기면 NFT는 아무런 소용이 없는 파일에 불과하게 됩니다. 그러므로 구매자는 NFT에 연동된 디지털 자산이 어디에 보관되어 있고, 그 보관 주체를 신뢰할 수 있는지에 대해서도 확인할 필요가 있습니다.

책의 첫머리에 이렇게 조심스러운 당부를 담은 이유는 여러분의 소중한 자산을 잃어서는 안 되기 때문입니다. NFT는 가능성 있는 초기 투자 시장이지만 그만큼 위험성도 있습니다. '고위험 고수익'이라는 투자 원칙이 그대로 반영되는 상황이라고 생각하시면 됩니다. 그러므로 장밋빛 미래만 바라보고 서둘러 투자를 시작하기보다는 공부를 통해 자신만의 기준을 먼저 가졌으면 좋겠습니다.

이 책을 펼친 여러분은 한 발 앞서 미래 기술에 접근하고 있습니다. 이미 다른 사람들보다 빨리 신기술의 가능성을 알아보고, 커다란 기회에 다가선 것입니다. 이 책을 통해 '첫 투자 수업'을 무사히 마치고, 꾸준한 최신 정보 탐색을 계속하며 무궁무진한 발전 가능성을 지닌 NFT 투자 시장에 성공적으로 진입하시기를 바랍니다.

차례 • • •

1부 아직도 NFT의 가능성을 의심하는 당신에게 _____

1장 | NFT, 정말 투자 가치가 있을까?

2장 | NFT, 비즈니스를 지배하다

NFT 창업가 인터뷰 | NFT에 미래를 건 사람들

2부 지금 바로 시작하는 NFT 투자

3장 | 가치가 오르는 NFT의 공통점 5가지

4장 | 성공적인 NFT 투자를 위한 배경 지식

5장 | NFT 투자 설명서

6장 | NFT 투자의 미래

당신을 위한
최고의
NFT 투자 수업

왜 NFT에 대해 알아야 할까?

가장 기억에 남는 프레젠테이션의 한 장면을 떠올려 본다.

"An iPod, a phone, an internet communicator. Are you getting it?"

(아이팟, 전화기, 그리고 인터넷 커뮤니케이터. 느낌이 오시나요?)

MP3, 휴대폰, 인터넷, 각각 고유의 기능을 하던 세 가지 제품이 하나의 디바이스에서 구현된 발명품 '아이폰(iPhone)'은 2007년 탄생했다. 스마트폰이 세상에 나오기 전까지는 컴퓨터 앞에 앉아 있는 동안에만 인터넷을 할 수 있었기에 급히 인터넷을 쓸 일이 생기면 PC방으로 달려가야 했다. 지금은 주머니에서 스마트폰만 꺼내면 언제 어디서나 인터넷을 이용할 수 있다.

스티브 잡스(Steve Jobs)가 2000년대 가장 혁신적인 제품이었던 스마트폰을 발표한 지 15년이 흐른 지금, 당시에는 파괴적 혁신이었던 스마트폰은 우리도 모르는 사이 너무나도 당연한 일상으로 자리 잡았다.

미래학자 돈 탭스콧(Don Tapscott)이 "19세기에 자동차가, 20세기에 인터넷이 있다면, 21세기에는 블록체인이 있다."고 말했을 정도로 블록체인 기술을 통한 혁신적인 변화가 시작되고 있다. 인터넷으로 시간과 공간의 제약을 뛰어넘어, 정보를 공유하기 시작한 20세기를 '정보 혁명'이라 한다면, 블록체인은 정보뿐만 아니라 자산을 거래하고 보관하는 '디지털 자산 혁명'의 시대를 열었다.

블록체인 기술을 통한 디지털 자산 혁명은 '디지털 토큰'의 출현으로 시작되었다. 블록체인 기술을 기반으로 하는 디지털 토큰의 장점은 이중 지불과 위변조의 위험으로부터 안전하고, 작은 단위로 쪼갤 수 있으며, 시공간 제약 없이 글로벌 시장에서 거래할 수 있다는 점이다. 이렇게 블록체인 기술로 탄생한 디지털 토큰 중 하나인 '대체 불가능한 토큰(Non-Fungible Token)'은 세상에 유일무이한 고유번호를 가지고 있고, 토큰을 발행한 이력과 거래 내역이 투명하게 공개된다. 이전까지는 디지털 파일의 원본과 복제본의 구별이 불가능했지만, NFT를 활용하면 디지털 경제 안에서 디지털 파일을 투명하게 거래할 수 있다.

새로운 기술의 출현도 중요하지만 더 중요한 것은 시장이다. '샤오미(Xiaomi)'의 창업자 레이쥔(雷軍)은 "태풍의 길목에 서면 돼지도 날 수 있다."라고 말하며 시대적 트렌드에 부합하는 비즈니스 모델의 중요성을 강조했다. 그의 말대로 성장하는 시장의 길목에 서 있다면 태풍의 도움으로 날아오를 수 있다. 그런데 여기에서 중요한 것은 이 태풍이 지나가기 전에 스스로 날 수 있는 능력을 갖추어야 한다는 점이다. 2016년부터 스타트업 투자 업무를 하며 가장 크게 배운 점은 시장의 흐름을 미리 읽고 기초 체력을 단단히 쌓아온 사람들에게 기회가 온다는 것이었다.

2020년, 인류는 역사에 기록될 만큼 거대한 태풍을 맞았다. 그 태풍의 정체는 '코로나19'다. 전 세계인의 라이프스타일을 바꾸어 놓은 코로나19 바이러스는 비대면 시대를 앞당겼고, 그 중심에는 메타버스가 있다.

디지털 원본을 증명하고 단 하나뿐인 '희소성'의 가치를 부여하는 NFT는 메타버스에서 경제 활동을 가능하게 한다. 메타버스 안에서 활동하는 캐릭터(아바타)들은 NFT로 이루어져 있고, 아바타가 입고 다닐 옷과 액세서리도 NFT를 통해 거래할 수 있다. 메타버스 안에서 거래되는 땅과 건물 모두 정체성을 가지고 거래가 되기 위해서는 NFT가 필요하다. 이렇게 NFT는 디지털 경제 안에서 정체성을 부여하기에, 판매자와 구매자 간의 합의만 있으면 즉시 거래가 가능하고, 거래 내역은 블록체인에 저장되므로 전 세계 누구와도 투명한 거래가 가능하게 한다는 점에서 파괴적 혁신이라고 할 수 있다.

앞으로 다가올 파도를 타며 기회를 잡기를 바라는 창업가, 투자자, 연관 산업 종사자라면 NFT가 어떤 점에서 혁신을 가져오는지, 관련하여 성장이 예상되는 분야는 어느 쪽일지, 어느 분야에 투자를 해야 할지 등을 알아둘 필요가 있다. 변화의 흐름을 미리 감지하고 기회를 창출하는 사람이 되고 싶다면, 이 책을 통해 NFT가 가져올 새로운 라이프스타일을 머릿속에 그려보자.

이 책은 이미 출간된 NFT 책들과 무엇이 다른가?

'뜻밖의 흥미로운 발견'을 의미하는 단어 '세렌디피티(Serendipity)'는 내가 제일 좋아하는 영화의 제목이자, 가장 좋아하는 단어이다. 전혀 예상하지 못한 일이 발생했을 때 기쁨은 배가 된다.

이 책을 쓰게 된 계기는 우리에게 '세렌디피티'처럼 찾아왔다. NFT를 통해 새롭게 펼쳐질 시장에 관심을 가지고 있던 스타트업 투자자와 주식회사 뮤짓의 대표로서 블록체인 음원 플랫폼 '밀림 엑스(MILLIM:X)' 서비스를 운영 개발 중인 스타트업 대표, 그리고 엔터테인먼트사에서 신규 사업 기획과 투자 업무를 담당하는 우리 세 사람이 주목한 시장은 우연히도 일치했다. NFT가 가져올 변화와 성장하는 시장의 잠재력, 그리고 다양한 기회들을 각자의 영역에서 스터디하고 있었고 이 책을 함께 집필하며 투자자, 스타트업 대표, 엔터테인먼트 업계의 시각으로 다양하게 조망하여 보다 객관적으로 현상을 이해하고자 했다.

2016년 벤처캐피탈리스트 교육에서 만난 황정환 저자는 투자 전문가에서 블록체인 기반의 스타트업 대표로, 새로운 도전을 하고 있었다. 그는 블록체인 분야의 큰 상 중 하나인 'DPA(Decentralized People's Awards) 2019'에서 블록체인 게임, PC·모바일 분야 올해의 인물로 선정될 정도로 전문성을 보유하고 있다. 2014년 삼성물산에 근무할 당시, 삼성그룹 기자단에서 만난 김현호 저자는 패션업계, 콘텐츠커머스 업계를 거쳐 엔터테인먼트 업계를 경험하며 다양한 비즈니스에 NFT가 어떻게 활용되고 있고, 활용될지에 대한 높은 이해도를 가지고 있다. 변화에 가장 민감하고, 기존의 문제를 새로운 기술로 해결하고자 하는 스타트업 업계에 있던 나는 2021년 봄부터 창업가들이 기존 사업에 NFT를 접목하는 모습을 보며 자연스럽게 NFT와 블록체인에 관심을 가지게 되었다. 그러다 NFT

가 디지털 경제 내에서 크리에이터들에게 새로운 기회를 가져다준다는 점에 매력을 느껴 본격적인 스터디를 시작했고, 나도 이 거대한 파도에 올라타야겠다는 생각이 들어 2022년 봄에는 VC 업계에서 메타버스 회사로 이직하게 되었다.

우리 세 사람이 각자의 분야에서 NFT가 가져올 미래에 집중하게 된 것은 우연이지만 필연적이었다고 생각한다. 그렇게 직접 느끼고 경험한 사례들을 통해 블록체인과 NFT에 대한 배경 지식이 없는 독자들도 쉽게 이해할 수 있는, 소설이나 에세이처럼 재미있게 읽히는 NFT 안내서가 탄생했다. 책을 집필하며 우리는 각자의 영역에서 NFT 시장을 경험하며 얻은 인사이트, 투자자와 스타트업 대표들의 다양한 사례를 통한 현장의 목소리를 담으려 노력했다.

자신들의 경험과 노하우를 솔직하게 공유해 주시고 책에 담게 해 주신 투자자 분들과 스타트업 대표님들 덕분에 다른 책에서는 만나볼 수 없는 유니크한 콘텐츠가 만들어질 수 있었다. 도움을 주신 분들께 지면을 통해 다시 한 번 감사의 마음을 전하고 싶다.

이 책을 활용하는 방법

세상을 들썩이게 하는 NFT가 대체 무엇인지 궁금해서, 그리고 이 새로운 기술을 이용해 나도 부를 일굴 수 있는 기회를 찾고 싶어서 이 책을 펼친 사람이 많을 것이다.

낯설고 새로운 세계인 만큼 처음부터 딱딱한 이론과 배경 지식을 공부하기보다는 NFT가 바꿀 세상에 대한 리뷰, 시장에서 투자의 기회를 발견한 투자자 관점에서의 인사이트, 그리고 현업에서 치열하게 고민했던 스타트업들의 스토리를 읽어나가는 것을 추천하고 싶다. NFT 스타트업 인터뷰를 통해 기존 사업 모델에 NFT 기술을 접목하여 새로운 사업 모델을 만든 케이스와 다양한 산업군에 적용된 NFT 사례를 통해 우리가 마주하고 있는 '현상'을 이해하고 나면, 왜 NFT가 중요한 기술이고 지금 알아야 하는지 마음속 깊이 와 닿을 것이다. 또 투자자, 창업가, 새롭게 열리는 시장에서 신사업을 기획하는 산업계 종사자들, 디지털 경제 내의 크리에이터 각각의 입장이 되어 NFT가 가져올 변화와 기회를 그려본다면, 보다 객관적인 관점에서 앞으로 펼쳐질 미래를 예측할 수 있을 것이라 생각한다.

독자들이 이러한 과정을 통해 자연스럽게 NFT 투자에 대한 눈을 가지고, 투자 수익을 낼 수 있는 기회를 잡을 수 있도록 책의 1부에는 NFT 시장에 대한 전체적인 리뷰를, 2부에는 성공적인 NFT 투자를 위한 구체적인 방법을 담았다.

NFT라는 파괴적 혁신을 향해 기업과 개인들의 돈이 몰리고 있다. 언론에서는 NFT와 관련하여 상상을 초월하는 금액이 연일 언급된다. 당신이 이 거대한 변화 속에서 '따라가는 사람'이 아닌, '주도하는 사람'으로 우뚝 서는 데에 이 책이 도움이 되기를 바란다.

2022년 5월,
저자들을 대표하여 박지영

용어 정리

본격적으로 NFT 투자 공부를 시작하기 전에 알아야 할 NFT 관련 용어들을 정리했다. 자세한 내용은 본문에서 다뤄지니 여기에서는 기본적인 개념만 알아두자.

NFT	대체 불가능한 토큰(Non-Fungible Token)의 약자. 블록체인 기술을 이용해 디지털 자산의 소유주를 증명하는 토큰이다. NFT는 블록체인 기술을 활용하지만, 기존의 가상 자산과 달리 디지털 자산에 별도의 고유한 인식 값을 부여하고 있어 상호 교환이 불가능하다는 특징이 있다.
웹 3.0 (Web 3.0)	사용자에게 맞춤 서비스를 제공하는 '개인화된 웹'. 플랫폼이 중앙 집권하는 웹 2.0에서 진화한 웹 생태계이다. 엄청난 양의 정보 중 개인이 필요한 것을 우선 보여주는 맞춤형 서비스를 지향하며, 플랫폼이 데이터를 독점하는 것이 아니라 블록체인 기술을 활용하여 개인이 직접 데이터를 소유하는 평등하고 투명한 웹의 시대를 말한다.
P2E	Play to Earn의 약자. 이용자가 게임을 하면서 물질적, 금전적 보상을 받는 것을 뜻한다.
토큰 이코노미 (Token economy)	원래 행동심리학 용어로 목적에 맞는 행동을 했을 때 보상(토큰)을 제공하고, 받은 토큰으로 원하는 것을 교환할 수 있도록 하는 시스템이다. 이 책에서는 블록체인 서비스에 참여하는 모든 구성원들에게 기여도에 따라 암호 화폐를 인센티브로 지급해 서비스가 지속적으로 발전할 수 있게 하는 경제 시스템을 말한다. 토큰 이코노미는 암호경제(Crypto economy)를 구성하는 중요한 요소다.
이더리움 (Ethereum)	블록체인 기술을 기반으로 스마트 계약 기능을 구현하기 위한 분산 컴퓨팅 플랫폼이자 플랫폼 자체 통화명. 비트코인 이후에 등장한 알트코인 중 시가 총액이 가장 높다. NFT 거래에서 많이 이용되는 통화이다.
디지털 지갑	암호 화폐 지갑(Cryptocurrency wallet)이라고도 불리며, 비트코인, 이더리움 등의 암호 화폐와 NFT를 보관할 수 있는 계정을 뜻한다.

오픈시 (opensea.io)	세계 최대 NFT 거래 플랫폼. NFT를 포함한 디지털 자산의 거래를 지원하는 P2P 방식의 마켓이다.
민팅 (Minting)	디지털 자산의 NFT를 생성하는 것을 일컫는 용어. 민팅은 화폐를 주조한다는 뜻의 영단어인 '민트(Mint)'에서 시작된 말로, 블록체인 자산을 생성하는 과정을 의미한다.
가스비 (Gas Fee)	민팅을 하거나 NFT 거래, 토큰 전송 시 부과하는 수수료. 해당하는 블록체인 기술을 사용하는 대가로 지급하는 돈이다.
크립토 펑크 (Cryptopunks)	NFT 프로젝트 중에 가장 오래된 프로젝트이자 장르의 시초라는 역사성을 인정받은 NFT. 이더리움 기반으로 2017년 라바랩스(Larva Labs)에서 만든 NFT 프로젝트다.
PFP	Picture For Profile의 약자로 소셜미디어나 커뮤니티에서 사용하는 개인의 프로필 사진을 의미한다. NFT 커뮤니티 및 SNS 상에서 자신이 해당 NFT의 소유자임을 보여주기 위해 PFP 기능이 가능한 NFT를 구입하기도 한다.
에어드롭 (Airdrop)	'공중에서 떨어뜨린다'는 뜻으로, NFT 발행자가 무상으로 코인이나 NFT를 지급하는 것을 말한다. 보통 트위터, 디스코드, 텔레그램 등의 경로를 통해 응모를 하고 당첨자에게 NFT를 무상으로 증정한다.
화이트리스트 (White list)	NFT를 우선적으로 구입할 수 있거나 저렴하게 구입할 수 있는 특혜. 특정 NFT를 보유하고 있거나, 커뮤니티에서 미션을 수행하거나, 이벤트에 당첨되면 화이트리스트에 오를 기회가 주어진다.
커뮤니티	특정 NFT의 다양한 이해 관계자들이 모여 정보를 공유하는 장. 트위터, 디스코드, 텔레그램, 블로그 등을 통해 NFT에 대한 정보를 전달하고 홍보와 마케팅을 진행한다.
DAO	Decentralized Autonomous Organization의 약자로 탈중앙 분산화된 자율적인 조직을 뜻한다. 기존의 중앙 집중화된 조직이나 단체와 달리, 중앙 조직 주체의 개입 없이 개인들이 모여 자율적으로 투표를 하거나 제안 등의 의사 표시를 통해 다수결로 의결하고 이를 통해 운용되는 집단이다.

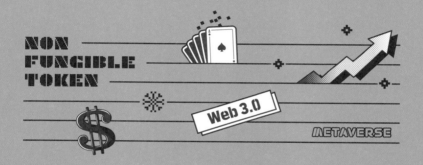

◆ ◆ ◆　NFT 시장 분석 플랫폼 '논펀지블닷컴(nonfungible.com)'은 2021년 전세계 NFT 거래액이 250억 달러(약 29조 9,100억 원)에 달했다고 발표했다. 2020년 거래액 9,490만 달러(1,135억 4,800만 원)보다 260배 이상 증가한 수치다.

한편에서는 NFT를 실체 없는 '거품'이라고 비판하기도 한다. 무형의 콘텐츠인 점, 완전히 해결되지 않은 저작권 문제 등 투자처로서 불완전한 부분이 많다는 것이다. 그럼에도 불구하고 젊은 세대 투자자들을 중심으로 NFT는 가상 화폐를 이을 디지털 자산으로 회자된다.

부동산 투자, 주식 투자, 가상 화폐 투자의 기회를 모두 놓친 이들에게 NFT는 정말 마지막 부의 사다리가 될 수 있을까? 이 책의 1부에서는 NFT가 유력한 투자처로 주목받게 된 이유를 여러 사례를 통해 알아보고, 앞으로의 확장 가능성을 전망한다.

1부

아직도
NFT의 가능성을
의심하는
당신에게

1 NFT,
정말 투자 가치가
있을까?

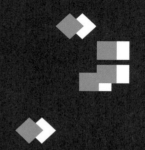

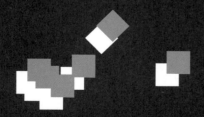

짤방 하나로 집을 산 어느 가족 이야기

돈이 되는 온라인 놀이 문화, 밈(Meme)

'밈(Meme)'은 인터넷 커뮤니티와 SNS에 퍼진 2차 창작물이나 패러디물 등을 가리키는 말로 1976년, 세계적인 생물학자 리처드 도킨스가 저서 《이기적 유전자》에서 제시한 학술 용어 '밈(문화 유전)'에서 파생한 개념이다.

2020년 방영된 MBC 예능 프로그램 '놀면 뭐하니'를 통해 가수 비의 노래 '깡'이 회자되었던 것을 기억하면 이해하기 쉽다. '깡'이라는 뮤직비디오 한 편을 재미있게 본 누리꾼들이 스스로 만들어 낸 '1일 1깡', '시무 20조' 등의 파생 콘텐츠는 밈이라는 개념을 사용하지 않고서는 도저히 설명할 수 없는 것이었다. 뮤직비디오를 발표한 지 3년이 지난 시점에 거대한 유행의 정점에 서게 된 비 본인도 직접 '밈'이라는 단어를 사용했다.

밈은 인간의 유전자와 같이 자기 복제적 특징을 갖는다. 원래는 세대를 이어 전해지는 종교, 사상, 이념 같은 정신적 사유를 의미하는 말인데, 1990년대 후반에서 2000년대 초반 인터넷이 보급된 이후 패러디와 작품의 변조를 통한 새로운 방식의 문화 전파 현상을 뜻하는 용어가 되었다.

재미있는 순간을 '박제'하자 돈이 되었다

MBC의 주말 예능 프로그램 '무한도전'에서 유재석과 노홍철은 출연한 시청자에게 "무한도전을 알고 있느냐?"는 질문을 던지며, "무~한 도전"이라고 외치면서 손을 뻗는 동작을 요청했다. 이때 당황한 시청자는 "무야호"란 뜬금없는 구호를 외쳤는데, 이것이 포인트가 되었다. 이후 시간이 흘러 지나간 무한도전의 에피소드 중 한 장면이 커뮤니티에서 회자되었고, 본격적인 밈이 되었다.

MBC는 이를 놓치지 않고 블록체인 스타트업인 블로코XYZ와 협업하여 국내 방송사 최초로 방송 장면을 NFT로 만들어 판매했다. 무야호 NFT는 경매가 300만 원에서 시작해 결국 950만 1,000원에 낙찰되었다. 여기에서 아이디어를 얻은 MBC는 그동안 방송했던 역사적인 순간들을 모아 디지털 수집품 형태인 NFT로 제작해 판

(위) MBC 복면가왕에서 신봉선의 'ㄴㅇㄱ'밈
(가운데) '찰리가 또 내 손을 깨물었어' 밈
(아래) 수많은 패러디를 탄생시킨 '재앙의 소녀' 밈

매했다. 자사 개국, 뉴스데스크 첫 컬러 방송, 'ㄴㅇㄱ' 밈으로 유명
한 '복면가왕'에서 신봉선의 놀라는 몸짓 등이 그것이다. 저작권도
없고 아직 권리 행사도 어려운 NFT이지만 밈의 즐거움은 소비자
들의 지갑을 기꺼이 열게 했다.

미국 IT 벤처 투자 전문 회사인 앤드리슨 호로위츠(Andreessen Horowitz)의 공동 설립자이자 파트너 마크 앤드리슨(Marc Andreessen)은 '현대 사회에서 많은 것들은 디자인과 아름다움을 위한 소비'라고 말하며, NFT 구매 역시 어떤 '기분'을 사는 것이라고 표현했다. 즐거움의 가치는, 특히 금액은 수요자와 공급자가 만들기 마련이다. 블록체인 기술을 통해 탄생한 NFT는 공급자의 신뢰와 그가 생산한 디지털 콘텐츠의 유일함을 돋보이게 했고, 소비자는 '기분'을 소비하는 데 돈을 아끼지 않는 시대가 되었다.

수많은 패러디를 탄생시켰던 밈 '재앙의 소녀(Disaster girl)'는 180 이더리움(2021년 당시 약 50만 달러)에 판매되었고, 2007년 유튜브에 올라온 영국 형제의 영상 '찰리가 또 내 손가락을 깨물었어(Charlie bit my finger-again!)'의 NFT는 2021년 5월, 76만 999달러에 낙찰됐다. 월스트리트저널에 따르면 '찰리가 또 내 손가락을 깨물었어'의 최초 소유주인 하워드 데이비스 카(Howard Davies-Carr)는 영상 하나로 집 한 채를 사고도 남을 만큼의 수익을 올렸다고 한다.

무심코 지나친 장면에 부의 기회가 있다

밈이라는 표현으로 정의되기 전 '짤방(짤림 방지)' 이미지라고 불리던 패러디의 소재들이 속속 주인을 만나고 있다. 그것도 아주 비싼 몸값을 쳐 주는 주인을 만나는 추세다.

NFT로 원본에 대한 소유를 인증하면 큰돈을 벌 수 있는 기회가 열린 만큼, NFT 속 창작을 존중하고 소중히 여길 수 있는 수집가를 찾는다면 가격이 얼마이던 간에 거래가 이뤄질 수 있다.

상업적 성공으로 이어진 밈의 경우 대부분 최초 창작으로부터 오랜 시간이 지난 콘텐츠의 역주행을 통해 성사됐다는 점을 감안할 때 시간이 지난 콘텐츠를 다시 돌아보며 부의 기회를 찾아보는 것은 어떨까? 내 핸드폰 속에 잠자고 있던 이미지가, 혹은 나의 SNS에 클리핑 해 두었던 한 장면이 어느 커뮤니티에서 난데없이 유행이 되어 부메랑처럼 막대한 수익을 안겨주는 시대이니 말이다.

부동산 불패 신화는
가상 세계에서도 계속된다
1조 원 시장을 바라보는 가상 부동산

2021년, 메타버스 가상 부동산 판매 규모는 5억 달러(약 6,100억 원)를 돌파했다. 이 같은 속도라면 2022년 판매 규모는 10억 달러(약 1조 원)에 이를 수 있다는 게 전문가들의 전망이다. 부동산에 대한 관심은 현실에서뿐만 아니라 메타버스에서도 마찬가지인 셈이다.

2022년의 가상 부동산은 1970년대의 강남 땅과 같다?

이만하면 조만간 '나만 가상 부동산 없어.'라는 표현이 나올 것 같다. 사고파는 부동산은 단순히 디지털 영역의 땅에 그치지 않는다. 쇼핑몰, 콘서트장, 초호화 리조트까지 매매되고 있다. 이렇게 매입한 부동산에 기업, 브랜드 등이 입주하면 임대 수익을 올릴 수 있고, 가상 부동산을 팔아 시세차익을 올릴 수도 있다. 가상공간을 무대로 일종의 P2E(Play to Earn)가 이뤄지는 셈이다.

그런 의미로 오늘날 가상 세계에서 부동산을 사는 건 마치 1970년대 개발 직전의 강남의 땅을 구입하는 일처럼 느껴진다. 코로나19 이후 팬데믹으로 변동성이 커진 실제 세상의 부동산과 달리, 디지털 부동산은 폭발적이면서도 안정적인 성장세를 이어가고 있다.

현실을 반영한 투자, 가상 부동산의 세계

가상 부동산은 크게 두 가지로 나뉜다. 현실 세계와 완전히 다른 공간으로 만들어진 플랫폼과 현실 공간을 그대로 복제해 실제 주소와 연동된 가상 부동산을 거래하는 플랫폼이다.

현실 세계와 다른 공간으로 만들어진 플랫폼은 주로 게임을 기반으로 한 메타버스가 주를 이룬다. 플랫폼에서 자체적으로 개발한 코인을 보유하고 있는 '디센트럴랜드(Decentraland)'와 '더 샌드박스(The Sandbox)'가 대표적이다.

후자는 현실 지구의 공간과 1:1 매칭된 부동산으로, 실제 부동산 가치 체계와 유사한 방식으로 희소성이 부여된다. NFT를 기반으로 희소성과 고유성을 가지게 된 가상 공간은 그 수요와 공급이 상대적으로 미국에 몰려 있다. 가상 부동산 투자에 주로 이용되는 가상 화폐 '크립토(Crypto)' 사용이 미국에 쏠려 있기 때문이기도 하지만, 더 큰 이유는 미국 부동산은 비교적 많은 이들에게 친숙한 곳이 많아 가상 공간을 처음 접하는 사람들에게 어느 정도 신뢰를 주기 때문이다.

그렇다면 뉴욕 맨해튼이나 프랑스 파리, 일본의 도쿄 같은 곳의 부동산 가격이 비싼 것처럼 메타버스에서도 입지가 가격을 결정짓는 핵심적인 요소가 될까? 이에 대한 의견은 엇갈린다.

더 샌드박스에서는 래퍼 스눕독이 개발하고 있는 지역 인근의 랜드 가격에 웃돈이 붙는다. 그리고 대형 IP가 입점할 것 같은, 사이즈가 큰 랜드의 주변은 이미 시세가 많이 올라 있다. 유동 유저가 많으면 그만큼 입지의 가격도 영향을 받는다는 현실 부동산 투자의 논리가 그대로 반영되어 있다는 얘기다. 단순 NFT 부동산 투자의 목적으로 보았을 때 이런 접근은 나름 합리적으로 보인다.

반면 가상 부동산 개발업체 리퍼블릭 렐름(Republic Realm)의 재닌 요리오(Janine Yorio) 공동설립자는 '입지보다 누가 소유했는지, 그 공간에서 무엇을 할 수 있는지가 더 중요하다.'고 말하기도 했다. 메타버스에서 유저는 언제든 순간 이동을 할 수 있기 때문에 그의 말도 어느 정도 일리가 있다.

NFT 가상 부동산 투자를 고려하는 사람이라면 두 가지 사항을 모두 염두에 둘 필요가 있다.

어스2: 지구를 복사하니 600배 수익이 발생하다

2020년 11월 출시한 어스2(earth2.io)는 현실의 지구를 그대로 복사한 메타버스 플랫폼이다. 호주의 개발자인 셰인 아이작(Shane Isaac)이 실제 지구(어스1)를 본뜬 가상의 지구 '어스2'를 선보였다.

처음에는 몰입형 증강현실 AR 등 특별한 경험을 원하는 게임 개발자 및 유저들의 이용이 많았지만 2021년 초 세계적으로 가상 자산 투자 열기가 불면서 일반인 투자자들의 참여가 늘었다. 뿐만 아니라 실제 뉴욕, 서울, 런던, 홍콩 등 비싼 땅들을 직접 살 수 있어 현실에서는 체험하기 어려운 대리만족을 주는 가상 부동산으로 유명세를 얻기 시작했다.

어스2는 땅 소유자가 내놓은 매물을 사거나 경매를 제안한 뒤 운영사에 돈을 내고 가상 부동산을 구매하는 형식을 취하고 있다. 맵 박스(Mapbox) 지도 시스템을 기반으로 가로 10m, 세로 10m 크기의 약 30평을 1타일로 치는데, 이 타일을 유저가 구매했다가 이윤을 붙여 팔 수 있는 시스템이다. 어스2의 부동산 거래 단위인 타일 당 가격은 서비스 초반 0.1달러에 불과했지만, 미국 지역의 평균 가격이 60달러까지 이르며 600배 이상의 수익률을 올렸다. 단

현실 세계를 매칭한 가상 부동산 어스2

순 평균값으로 볼 때 최소 몇백 배에서 몇천 배의 수익을 올린 셈이다. 서비스 초기 투자자 기준이긴 하지만 미국의 백악관, 이탈리아의 콜로세움, 뉴욕의 타임스퀘어 같은 공간은 무려 만 배 이상의 수익률을 보이고 있다.

어스2는 현실 세계와 유사하게 토지 소득세가 발생한다. 토지마다 등급이 있고, 등급에 따라 토지세 분배율이 상이하다. 어느 한 국가에서 새로운 거래가 발생하면 해당 국가의 토지 소유자들에게 분배금이 발생하는 구조다. 이와 같은 플랫폼 참여자에게 수익을 분배하는 구조는 암호 화폐를 예치하면 스테이킹을 통해 수익을 얻는 구조와 유사하다고 볼 수 있겠다.

국내에서도 어스2의 부동산을 구매하거나 마케팅으로 활용하는 사례가 나오고 있다. DGB금융지주는 금융권 최초로 어스2를 통해 대구 북구 칠성동 DGB대구은행 제2본사 건물을 구매했고, 이철우 경상북도 도지사는 페이스북에 어스2를 언급하며 경상북도에서 경상북도청 건물을 구매했다고 밝히기도 했다.

호주 시각 2022년 2월 22일 22분에 어스2의 대표인 셰인 아이작은 어스2 유튜브 채널을 통해 백서 초안을 공개했다. 백서에는 NFT, P2E, DAO 등 어스2 생태계 소개 및 로드맵이 담겨 있었는데, 2022년 3분기에 어스2 생태계의 화폐 '에센스(Essence)'를 거래소에 상장할 것이라는 내용이 특히 주목을 받았다. 계획이 이루어진다면 2023년 어스2 플랫폼은 명확한 NFT 비즈니스를 구축하고, 어스2 내 부동산의 가치와 플랫폼의 가치는 더 올라갈 것으로 예상된다.

디센트럴랜드: 200만 원짜리 땅이 1,500만 원이 되다

어스2가 현실 세계를 반영한 가상 부동산이라면, 디센트럴랜드(Decentraland)는 현실 세계와 동떨어진 메타버스 내 공간이다.

디센트럴랜드는 많은 사람이 동시에 즐길 수 있는 롤플레잉 게임이다. 아르헨티나 국적의 소프트웨어 엔지니어 에스테반 오르다노(Esteban Ordano)와 아리엘 메이리치(Ariel Meilich)가 이 게임을 개발했다. 디센트럴랜드는 '제네시스 시티'라는 장소를 중심으로 게임이 진행되는데, 지금까지 우리가 아는 대부분의 비디오 게임과 근본적인 차이가 있다.

 디센트럴랜드에는 정해진 게임의 목표가 없다. 임무를 수행하거나 모험을 하거나, 전투를 해서 적을 물리치고 보상을 받는 이른바 '끝판왕'을 깨면 엔딩을 볼 수 있던 기존의 게임과 문법 자체가 다르다. 디센트럴랜드의 목표는 디센트럴랜드라는 메타버스를 이용자가 직접 소유하고 관리하며 계속 그 안에서 살아가고 싶은 매력이 생기도록 메타버스 세계를 가꾸는 것이다. 이런 측면에서 예전에 즐기던 심시티(Simcity)나 세컨드라이프(Secondlife) 같은 고전

메타버스 부동산의 대표주자 디센트럴랜드

게임, 또는 마인크래프트(Minecraft)나 포트나이트(Fortnite)와 비슷하다고도 볼 수도 있겠다.

디센트럴랜드의 또 다른 큰 특징은 메타버스 경제가 암호 화폐를 토대로 운영되는 점이다. 게임 안에서 구획된 땅은 '랜드(LAND)'라고 부르는데 도로와 광장을 제외한 모든 랜드, 즉 부동산은 사고팔 수 있다. 랜드를 사고팔 때는 '마나(MANA)'라는 디센트럴랜드에서만 쓸 수 있는 고유 암호 화폐를 쓴다. 2022년 3월 현재 마나의 시가총액은 4조 3,000억 원 이상이다.

디센트럴랜드 내 부동산은 가상 세계의 부동산 거래 시 사용하는 기본 단위인 파셀(Parcel) 당 16m×16m 크기인데, 총 9만 600파셀로 구축되어 있다. 2020년 초 디센트럴랜드의 랜드 1파셀당 가격은 200만 원 정도였다. 그로부터 2년 정도 흐른 지금, 디센트럴랜드 1파셀당 가격은 약 1,500만 원 정도다. 7배 이상 가격이 상승한 것이다. 부동산 광풍이 불었던 2020년 20억 원대에 거래되던 압구정 현대 아파트가 2022년 현재 40억 원 중반에 이른다. 약 2배의 상승 폭을 보인 셈인데, 가상 부동산의 상승률은 이를 몇 배 이상 뛰어 넘는 수준이다. 늘 '그때 샀어야 했는데!'라는 후회만 해왔던 사람이라면 '그때'가 현재진행형인 NFT 투자 세계에 매력을 느낄 것이다.

개인만 디센트럴랜드의 부동산을 구매하고 활용하는 것은 아니다. 삼성전자 미국 법인은 2022년 1월 디센트럴랜드에 삼성전자의 가상 매장 '삼성 837X'를 개설했다. 이 가상 매장은 실제로 미국 뉴욕 워싱턴스트리트 837가에 위치한 삼성전자 제품의 체험 전시장 '삼성 837'을 가상 세계로 옮겨놓은 것이다. 현실세계와 똑같이 각종 삼성 제품을 체험할 수 있을 뿐만 아니라 공연과 같은 콘텐츠도 체험할 수 있다. 게다가 방문객은 퀘스트를 수행해 제한된 수량으로 발행하는 헬멧, 상의, 신발 등 NFT 아이템을 획득할 수 있도록 했다. 맥주 브랜드 하이네켄은 디센트럴랜드에 있는 가상 양조장에서 가상 맥주인 '하이네켄 실버'를 출시했고, 미국 최대 은행 JP모건은 디센트럴랜드 내 가상 라운지인 '오닉스 라운지'를 오픈하기도 했다. 2022년 3월에는 디센트럴랜드에서 메타버스 최초의 패션위크가 열린다. 에트로, 돌체앤가바나, 타미힐피거, 파코라반 등 글로벌 명품 브랜드가 참여하는 행사다. 코카콜라는 디센트럴랜드에서 착용 가능한 NFT 재킷을 만들었고, 글로벌 경매 업체 소더비의 경매장도 디센트럴랜드에 입점해 있다.

행사와 이벤트, 글로벌 브랜드가 끊임없이 활동하는 공간의 가치는 앞으로 어떻게 될까? 그동안 '그때 투자할 걸!' 하고 후회만 해왔다면 이번에는 기회를 잡아야겠다는 생각이 들지 않는가?

더 샌드박스: 가상 부동산계의 대장주

그래서 가상 부동산은 뭘 사야 하는데? 라고 묻는다면 수요와 공급이 풍부한, 즉 거래량이 많은 대장 플랫폼에서 찾아야 하겠다. 메타버스 데이터 제공 업체 메타메트릭 솔루션스(Metametric solutions)는 '2021년 메타버스 내 가상 부동산 시장에서 거래 비중이 가장 높은 플랫폼은 더 샌드박스'라고 밝혔다. 가상 부동산을 취급하는 4대 플랫폼 더 샌드박스, 디센트럴랜드, 크립토복셀, 솜니움 스페이스 중 가장 거래량이 많은 플랫폼이 바로 더 샌드박스다.

더 샌드박스의 가상 부동산 랜드의 가격은 2019년 말 기준 1개에 5만 원 정도였다. 시세에 따라 다르겠지만 2022년 3월 현재 랜드 1개당 최소 3이더리움 선에서 거래되고 있다. 1이더리움 가격이 약 350만 원이므로, 1개당 약 1,000만 원인 셈이다. 가격이 200배가량 오른 것이다.

더 샌드박스에는 총 16만 6,464개의 랜드가 있는데, 랜드의 구획 수가 제한되어 있어 더 이상 추가되는 랜드가 없다는 점이 더 샌드박스 내 부동산의 희소성을 명확하게 해준다. 현재까지 랜드 판매액은 1억 4,400만 달러(약 1,700억 원)를 넘어섰고, 랜드 소유자는 약 1만 2,000명 이상이며, 50만 명이 넘는 지갑 연동 사용자들을 보유하고 있다.

어떤 사람과 기업들이 참여하고 있느냐에 따라 자산의 가치도 영향을 받는다. 그렇다면 더 샌드박스 랜드 소유자들의 면면은 어떨까. 더 샌드박스의 랜드는 우리가 익히 들어본 기업, 브랜드, 유명 인사가 보유하고 있다. 국내에서는 뽀로로, K리그, 제페토, 큐브 엔터테인먼트, SM엔터테인먼트가 파트너십을 체결해 랜드를 보유하고 있고, 해외에서는 나이키, 디즈니를 비롯해 드라마 워킹데드, 구찌, 워너뮤직, NFT의 대명사 크립토 키티, 컨설팅 기업 PwC 등이 더 샌드박스의 메타버스에서 자사 브랜드의 세계관과 캐릭터를 구현하기 위해 협업을 진행하고 있다. SM엔터테인먼트는 더 샌드박스 내에 SM타운을 구현하겠다고 밝혔고, 워너 뮤직은 콘서트장과 음악 테마파크를 조성해 자사의 대표적인 아티스트 라인업을 내세운 콘서트와 음악 관련 경험을 선보일 계획을 발표했다.

이렇게 더 샌드박스의 부동산이 주목받으면서 이 플랫폼을 보유하고 있는 모회사에도 투자가 끊이지 않는 상황이다.

더 샌드박스를 자회사로 두고 있는 모회사 애니모카 브랜즈(Animoca Brands)는 2021년 11월 소프트뱅크의 비전펀드2가 주도한 1,100억 원 규모의 시리즈B 투자 유치에 성공하며 무려 1조 1,300억 원의 기업 가치를 인정받았다. 쿠팡을 미국 증시에 상장시킨 주요 자금 원천인 비전펀드가 움직였다는 사실은 고무적이다. 해당 투자 라운드에는 삼성 넥스트, LG테크놀로지 벤처스, 컴투스 등 국내 유수의 대기업도 대거 참여했다.

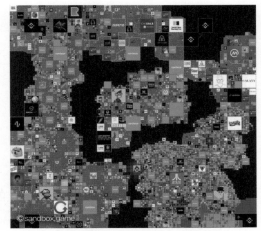

  '샌드박스(Sandbox)'를 직역하면 모래상자, 즉 어린아이들이 즐겁게 뛰어 놀 수 있는 모래 놀이터이다. 게임 산업에서 샌드박스란, 높은 자유도를 기반으로 유저가 직접 다양한 플레이 패턴을 만들어낼 수 있는 장르를 의미한다.

  플랫폼 이름으로 '샌드박스'를 택한 더 샌드박스 역시 유저가 만들어가는 참여형 블록체인 게임을 전면에 내세운 메타버스 플랫폼이다. 그래서 경제 주체인 유저 개개인에게 적절한 보상이 주어져야 하며, 창작자 본인이 완전한 데이터 소유권을 확보할 수 있어야 하기에 NFT 기술과 뗄 수 없다.

이더리움 블록체인을 기반으로 한 더 샌드박스는 플랫폼 내 다양한 경제 주체들이 직접 게임 콘텐츠를 개발하고 NFT 아이템과 캐릭터를 생성하여 수익화할 수 있다는 매우 큰 장점을 가지고 있다. 더 샌드박스에서 가상 부동산에 투자를 하고 싶은 사람이라면, 단순히 랜드를 보유하는 수준을 넘어, 자신이 보유한 랜드에 부가 콘텐츠까지 얹어 더 큰 가치를 창출할 수 있다.

800억 원에 팔린
아마추어 사진 작가의 작품

미술 작품과 크립토 아트

바보 같은 NFT로 만들어진,
무명 작가의 800억 원짜리 그래픽 아트

2021년 3월 21일, 세계적인 화가 데이비드 호크니(David Hockney)는 크리스티 경매에서 6,934만 달러(약 800억 원)에 낙찰된 비플(Beeple)의 NFT 작품을 보고 "바보 같다(Silly)."고 말했다. NFT가 무엇인지 이해할 수 없다며 혼란을 표현한 것이었다. 전통 미술계의 시각에서 충분히 이렇게 얘기할 법하다. 이미지 파일 하나를 미술 작품이라고 표현하니 말이다.

낙찰된 비플의 NFT 작품 〈Everyday : The first 5,000 days〉은 살아 있는 작가의 것으로서는 세계에서 세 번째로 비싼 가격에 팔린

작품이다. 2007년부터 13년에 걸쳐 만들어진 5,000장의 디지털 이미지를 콜라주한 작품인데, NFT라는 단어를 한 번이라도 들어본 독자라면 익숙한 이름이겠다. 천문학적인 가격으로 인해 수많은 기사가 생산되었으니 말이다. 결과적으로 비플은 NFT 미술품 시장의 상징적 존재가 되었고, 그의 뉴스는 본격적인 NFT 시장의 전성시대가 열리는 신호탄이 되었다.

'얼굴 없는 화가'로 알려진 영국의 뱅크시는 사회 비판의 메시지를 담아 벽화를 그리는 그래피티 아티스트다. 그가 '얼굴 없는 화가'로 불리는 이유는 알려진 정보가 거의 없기 때문이다. 실제 뱅크시에 대해 알려진 정보는 그가 1974년생 영국의 브리스톨 출신 기혼자라는 것 외에는 찾아볼 수 없다. 뱅크시는 이름 외에 자신의 신상을 공개하지 않고 1990년대부터 영국 런던, 미국 뉴욕 등 도시 거리의 벽에 스텐실 기법을 활용한 그래피티 작업을 해왔다. 스텐실 기법은 글자나 무늬, 그림 따위의 모양을 오려낸 후, 그 구멍에 물감을 넣어 그림을 찍어 내는 기법인데, 디스토피아적인 장소에 스텐실 기법을 활용한 그래피티를 그려넣음으로써 현실을 풍자하고 이를 소셜미디어 등에 게시해 반향을 일으켰다.

뱅크시의 〈멍청이들(Morons)〉은 미술 경매장에 모인 구매자를 조롱·풍자하는 작품이다. 그림에는 "이런 쓰레기를 사는 멍청이가 있다는 게 믿기지 않는다(I CAN'T BELIEVE YOU MORONS ACTUALLY BUY THIS SHIT)."는 글귀가 적혀 있다. 그림에 담긴 메시지는 그의 이미지답게 강렬하다.

번트 뱅크시(Burnt Banksy)라는 단체는 이 작품을 10만 달러(약 1억 2,000만 원)에 사들이며 〈멍청이들〉을 디지털 복제해 NFT를 만든 후, 원작을 불태우는 과정을 유튜브를 통해 생중계했다. 2021년 3월 4일, 번트 뱅크시는 오픈시 경매에 이 NFT 작품을 내놓았는데, 이것이 228.69이더리움에 거래되었다. 당일 기준 우리 돈 약 4억 3,000만 원으로, 원본 가격(10만 달러)의 4배 이상이다. 이들은 원작을 파기한 이유에 대해 "가상과 실물이 병존할 경우 작품의 가치가 실물에 종속되지만, 실물을 없애면 NFT 그림이 대체 불가의

오픈시에서 한화 약 4억 3,000만 원에 낙찰된
뱅크시의 NFT 아트 〈멍청이들(Morons)〉

진품이 된다."고 말했다. 실물 원작을 없앰으로써 변형이 불가능한 NFT만이 세상에 존재하는 유일한 작품으로 남게 한 것이다.

높은 가격에 책정되는 이유를 설명하기 어려운 현대미술과 그 현대미술을 비꼬는 작품 또한 고가에 낙찰되는 현실, 그 작품을 불태운 뒤 NFT에 담아 더 비싼 가격에 판매되는 복잡 다단한 과정 자체가 하나의 행위 예술처럼 보인다. 이런 이슈는 대중들의 관심을 불러일으키며 NFT 작품 시장에 활력을 불어넣었다.

크립토 아트가 뭔데?

"NFT 아트와 크립토 아트(Crypto art)는 같은 개념 아니야?"라고 물을 수 있다. 하지만 정의는 조금 다르다. NFT 관련 아트 소식을 다루는 매체 아트놈(Artnome)의 창업자 제이슨 베일리(Jason Bailey)는 "What is crypto art?(크립토 아트란?)"라는 기사에서 크립토 아트를 '희귀한 디지털 아트워크(Rare digital artwork)'라고 정의했다. 디지털 아트워크가 블록체인 기술을 통해 발행되어 디지털 희소성(Digital scarcity)을 가지면 크립토 아트가 된다는 것이다. 그의 말에 따르면 NFT 아트는 블록체인 기반에서 아트워크가 유통되는 형태를 설명해 주는 용어 또는 하나의 시장을, 크립토 아트는 광의의 영역으로 예술 장르 또는 그를 가리키는 예술 사조를 뜻한다고 볼 수 있겠다. 하지만 투자 공부를 시작하는 우리에게는 '무엇이 크립토 아트인가?' 하는 문제보다 더 중요한 것이 있다. 크립토 아트 사조에 속하는 어떤 NFT 아트가 투자 가치가 있느냐 하는 문제다.

크립토 아트 역사의 시작, 크립토 펑크

2014년, 최초의 NFT 아트 중 하나로 여겨지는 픽셀 모양의 팔각형 그림 '퀀텀'이 등장했고, NFT에 대한 인식이 확대되면서 다양한 요소에 NFT가 도입되고 거래되기 시작했다. 2016년, 심지어

(위) 최초의 NFT 아트 〈Quantum〉
(아래) 레어 페페 NFT 〈Homer Pepe〉

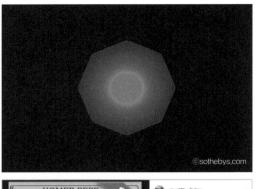

'슬픈 개구리'로 유행했던 밈인 '페페'의 그림도 블록체인 위에 올려 '레어 페페(Rare Pepes)'라는 이름으로 거래됐다. 이는 밈토큰 트렌드를 만들어낸 대표적인 프로젝트다.

그리고 2017년 6월, 크립토 아트의 대명사로 불리는 '크립토 펑크'가 만들어진다. 크립토 펑크는 이더리움 기반의 NFT로, 1만 개의 고유한 아바타를 형성해 이를 거래하는 개념이다. 전 세계에 딱

1만 개만 존재하기 때문에 가치가 더이상 희석되지 않고, 이러한 희소성으로 인해 소유자는 이것을 일종의 VIP 패스로 여길 수 있는 것이 특징이다.

크립토 펑크는 NFT 프로젝트 중 가장 오래된 프로젝트이자 시조로서 역사성을 인정받아 고가에 거래가 이뤄지고 있다. 거래 초창기에는 이더리움 네트워크 상에서만 거래가 이루어지다가, 명성을 얻게 된 뒤에는 소더비 경매나 크리스티 경매 등의 전통적인 미술품 오프라인 경매에서도 거래가 이루어지고 있다.

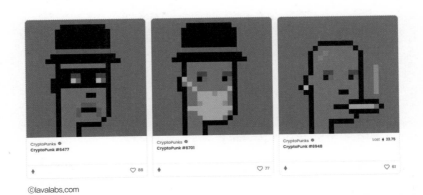

©lavalabs.com

'21세기의 모나리자'라 불리는 크립토 펑크

태초에 고양이 한 마리가 있었나니

2017년 10월, 캐나다 밴쿠버 소재의 스타트업 액시엄 젠(Axiom zen)은 이더리움 기반 최초의 NFT 게임 '크립토 키티(Cryptokitty)'를 출시했다. 크립토 펑크가 제한된 개수의 아바타를 거래했다면, 크립토 키티는 '고양이'를 거래한다.

유저들이 고양이를 사서 수집하고 서로 다른 종을 교배해 얻은 새로운 고양이를 사고팔 수 있는 구조인데, 디앱(dApp, 탈중앙화 애플리케이션)으로 구현된 세계 최초의 게임으로, 암호 화폐를 게임에 접목했다는 상징적 의미가 있다. 크립토 키티는 게임화된 NFT에 대한 대중의 관심을 끌어모았다는 평가를 받고 있으나 거래 비용과 캐릭터 스토리텔링의 부재로 NFT 투자를 하는 이들의 관심에서 꽤나 멀리('몰락'이라는 표현을 쓸 정도로) 떨어져 있는 것이 현실이다. 하지만 NFT 아트에 관심 있는 사람이라면 투자 사례 분석을 위해서라도 트립토 키티를 기억할 필요가 있다.

나의 취향이 돈이 되는 NFT

내가 좋아하는 것, 나의 관심사, 나의 취향이 곧 투자처가 되는 시대다. NFT 투자에 대해 긴가민가 한 마음이 든다면 우선 내가 관심 있는 것에서부터 시작해 보자. 사전 정보나 지식이 전무한 상태에서 남들 따라 무조건 투자하는 것은 도박에 가까운 일이다. 그렇다면 어디서부터 공부를 해야 하나 싶은데, 그럴 땐 내가 평소에 즐기고 좋아하는 것들이 무엇이었는가를 되돌아보면 답이 간단히 나온다. 나의 취향이 닿는 곳에 NFT 산업이 존재할 것이기 때문이다. 혹 아직 그 산업이 없다면 머지않은 시간 안에 자신이 좋아하는 산업의 영역에 NFT 기술이 들어올 것이다. 아니라면 직접 그 산업에서의 NFT 비즈니스를 그려보는 것도 방법이겠다.

최근 게임, 엔터테인먼트, 스포츠, 영화, 드라마, 웹툰, 웹소설 등과 같은 콘텐츠 산업에서 NFT 관련 사업을 진행한다는 뉴스가 연일 쏟아져 나온다. 뿐만 아니라 명품 브랜드와 정치, 메타 휴먼(가상 인간)까지 NFT 사업의 영역이 되고 있다. 그러니 내가 좋아하는 관심 영역에는 어떤 NFT 사업이 진행되고 있는지 적극적으로 알아보는 것도 중요하다.

놀면서 만드는 자산

새로운 서사가 만들어지는 스포츠와 NFT

셰이크 만수르, 김택진, 정용진. 이들의 공통점은 무엇일까. 바로 부자이면서 구단주라는 점이다. 축구를 좋아하는 아부다비의 왕족 만수르는 잉글랜드 프리미어 리그(EPL) 맨체스터 시티의 구단주로 8개의 축구 구단을 보유하고 있다. 김택진은 NC소프트 CEO로 KBO 프로야구 NC다이노스의 구단주, 정용진은 신세계그룹 부회장으로 SSG랜더스의 구단주다. 이들은 자신이 좋아하는 축구와 야구 구단을 인수하며, 자신의 취미를 막대한 현금으로 현실화시킨 대표적 인물들이다.

그런데 막대한 부를 가진 사람들만 큰돈을 써가며 스포츠에 대한 애정을 표현하는 것은 아니다.

NBA 톱샷과 탑스: NBA 농구 카드의 추억

1990년대, 드라마 '마지막 승부'와 '슬램덩크'를 아는 세대라면 마이클 조던의 NBA 농구 카드를 사고팔았던 기억이 있을 것이다. 당시 국내에도 한창 수집 열풍이 일었는데, 지역마다 스포츠 카드 전문 매장이 있었고, 동네 문구점에서도 카드를 판매할 정도로 스포츠 카드에 대한 관심이 높았다.

스포츠 카드 중 가장 활발히 거래되었던 NBA 카드는 한 팩에 카드 5~7장 정도가 들어 있었다. NBA 카드는 종류에 따라 가격이 천차만별이었고, 심지어 각 카드의 시세를 알려주는 영문 잡지도 있었다. 유명 선수의 카드, 사인이나 희귀한 버전의 가격은 천정부지로 뛰어올랐다. 그러나 스포츠 카드는 시간이 지나며 마니아들의 전유물로 전락했고, 지금의 젊은 세대들에게는 생소한 수집품이 되었다. 하지만 이런 추세는 NFT 기술이 등장하며 새로운 비즈니스 영역을 만들어 냈다. 대표적인 사례가 'NBA 톱샷(Topshot)'이다.

NFT 투자 성공 사례로 이미 많이 다루어진 톱샷의 이야기를 굳이 다시 언급하는 이유는 잘 만든 비즈니스 모델이기 때문이다.

크립토 아트의 대명사로 꼽히던 크립토 키티의 제작사 '대퍼랩스(Dapper labs)'는 NBA와 협업해 NBA 카드 트레이딩 플랫폼을 만들었다. 대퍼랩스는 매 경기마다 새로운 서사와 스포츠 스타를 만들어 내는 NBA에 NFT 기술을 적용해 선수들의 플레이 모습과 경기 하이라이트를 트레이딩 카드로 제작했다. 쉽게 예상되는 결과겠지만 이 플랫폼은 큰 흥행을 거둔다. 2020년 5월 베타 버전을 선보이고 2021년 정식으로 서비스를 오픈했는데, 7억 7,000만 달러(약 8,500억 원)의 매출을 기록했고, 마이클 조던을 포함한 현역 NBA 선수들과 영화배우 윌 스미스 등으로부터 3억 500만 달러(약 3,500억 원)의 투자를 유치했다.

NBA 톱샷의 성공은 전통적인 트레이딩 카드 업체에도 상당한 자극이 되어 유사한 성공 사례를 만들었다. 메이저리그(MLB) 라이선스를 보유한 스포츠 카드 트레이딩 업체 탑스(Topps)는 2021년 4월 왁스(Wax) 블록체인 기반의 MLB 카드를 NFT로 발행했다. 발행 70분 만에 준비한 7만 5,000팩은 완판되었고, 판매 후 24시간 동안 170만 달러(약 19억 4,000만 원) 규모의 2차 거래가 이뤄졌다.

소레어: 스포츠 NFT의 미래

NBA 톱샷 이후 소레어(Sorare)와 같은 축구 카드 게임이 NFT 수집가들의 주목을 받았다.

소레어는 축구 카드 게임으로 단순히 사용자들이 NFT 축구 선수 카드를 수집하고 거래하는 것에서 끝나지 않고, 사용자가 보유한 NFT 선수 카드로 팀을 만들고, 소레어가 진행하는 가상의 리그

스포츠에 기반한 가장 큰 NFT 플랫폼(판매량 기준) '소레어'

에 참가해 다른 사용자들과 경쟁하며 게임을 즐길 수 있다. 즐길 수 있는 거리가 다양하고, 나만의 스타일로 카드를 구성할 수 있으며, 그만큼 빠져들 가능성이 높다. 그래서일까, 플랫폼 이름부터가 '매우 희귀하다'는 의미의 so와 rare의 합성어다.

소레어는 현실 세계에서 실제로 활약하고 있는 선수들의 퍼포먼스에 따라 점수를 내는 방식으로 '현실 게임 속 가상 게임' 또는 '판타지 스포츠 게임'이라 불리는 것이 특징이다. 소레어는 한국의 K리그와 계약을 맺어 국내 팬들에게도 저변을 확대하고 있다.

소레어는 소프트뱅크의 비전펀드에서 6억 8,000만 달러(약 8,085억 원)의 자금을 유치하며 스포츠 NFT 시장의 차세대 주자로 자리매

김하고 있다. 손정의 회장의 투자금이 움직인다는 것은 투자업계에서는 큰 의미를 가지고 있으니 지켜볼 만하다.

스포티움: 국내 프로야구와 축구 마니아라면

NBA 톱샷의 성공 사례는 국내에도 영향을 미쳐, 스포츠를 기반으로 한 NFT 사업에 불을 지폈다. 블루베리 NFT는 의료용품 사업을 해온 경남바이오파마가 NFT의 가능성을 보고 사명까지 바꾼 기업이다. 블루베리 NFT는 국내프로야구(KBO), 프로축구(K리그), 한국배구연맹(KOVO), 한국프로야구 은퇴선수협회(KPBAA)와 같은 스포츠 분야의 지식재산권(IP)을 확보해 NFT 플랫폼 '스포티움'을 만들었다.

스포티움 플랫폼 개발 프로젝트는 글로벌 블록체인 투자자들인 리버투스 캐피탈, 애니모카브랜즈, 대퍼랩스에서 투자를 받았다. 투자사들의 면면이 무척이나 화려하다. 리버투스 캐피탈은 P2E 게임의 대표 주자인 엑시 인피니티의 리드 투자자이고, 애니모카브랜즈는 가상 부동산 메타버스인 '더 샌드박스'의 모회사, 대퍼랩스는 NBA 톱샷을 함께 기획했던 회사다. 이렇게 NFT 산업에서 영향력 있는 투자자들이 투자를 한 프로젝트인 만큼 스포티움에 대한 관심이 뜨겁다. 스포티움은 플랫폼에서 거래할 수 있는 스포티움 코인을 개발해 2021년 2월 25일 빗썸에 상장했다.

업비트 NFT 드롭스와 갤럭시아메타버스:
김연경과 이봉주를 NFT로 만나다

스포츠 스타를 활용한 NFT는 가상 화폐 플랫폼에서도 민팅되고 있다. 업비트의 NFT 프로젝트 '드롭스'는 2022 베이징 동계올림픽대회에 참가한 우리나라 국가대표 선수들 63명의 훈련 과정과 성과를 담은 영상과 사진을 모아 '팀코리아 스포츠 자산'을 NFT로 판매했다.

갤럭시아메타버스에서 운영하는 플랫폼 '메타갤럭시아'는 대한카누연맹, 대한철인3종협회, 대한농구협회, SBS미디어넷과 협업해 IP를 확보했고, 배구 선수 김연경, 마라톤 선수 이봉주, 농구 감독 허재, 프로 골프 선수들의 IP를 확보해 NFT 사업을 전개하고 있다. NFT 플랫폼은 IP 확보가 무엇보다 중요하기에 다양한 협회와 단체, 회사와의 협업이 이어질 것으로 예상된다.

글로벌 컨설팅 회사인 딜로이트 글로벌은 '스포츠 NFT 시장의 2022년 거래 규모가 2021년의 두 배인 20억 달러에 이를 것'이라고 전망했다. 스포츠 NFT가 스포츠 콘텐츠 시장에서 입지를 굳히며 2022년 말까지 400만~500만 명에 이르는 글로벌 스포츠 팬들이 한 번 이상 스포츠 NFT를 구매하거나 선물할 것이라는 예측이다.

전문가들이 스포츠 영역에서의 NFT 비즈니스를 긍정적으로 바라보는 이유는 '선순환 구조' 때문이다. 스포츠 팬들은 NFT 투자를 통해 경기의 순간을 간직할 수 있고, NFT 거래로 발생하는 수익 일부가 선수에게 돌아가기에 스포츠 엔터테인먼트 산업 전반에 활력을 불어넣게 된다.

업비트의 블록체인 연구소인 '람다256'의 박광세 최고운영책임자(COO)는 인터뷰에서* "어떤 유명 선수의 NFT 카드가 1,000만 원어치 팔렸다면 당장 거기에서 나오는 수익 일부를 선수가 나누어 가질 수 있을 것이다. 하지만 더 중요한 건 그 카드가 지속적으로 유저들 간에 P2P로 거래되고, 거기서 나오는 수수료 수익이 선수에게 돌아갈 수 있다는 점이다."라며 "유망주 시절에는 NFT를 통해 많은 돈을 벌지 못한 선수도 추후 실력이 쌓이고 유명해지면 NFT 거래가 활발해져 많은 수익을 얻을 가능성이 생긴다."고 설명했다.

나의 관심과 NFT 투자로 내가 좋아하는 산업이 성장하는 것은 팬으로서 느낄 수 있는 가장 큰 기쁨이지 않을까. 스포츠를 좋아하는 사람이라면 자신이 사랑하는 스타나 팀에서 NFT 투자의 기회를 찾아보는 것도 좋은 방법이다.

* '위기의 스포츠 산업 구할 게임 체인저, NFT를 아십니까' 2021.07. 엠스플뉴스

지구에서 가장 몸값 비싼 원숭이들

무한 확장 중인 지루한 유인원들의 요트 클럽

'보어드 에이프 요트 클럽(이하 BAYC)'에 대해 들어본 적이 있는가? BAYC(Bored Ape Yacht Club, 지루한 유인원들의 요트 클럽)는 현재 NFT 시장에서 가장 뜨거운 프로젝트로, 코인 시장에 일찍 진입하여 막대한 부를 이룬 벼락 부자들을 주인공으로 스토리를 구성한 NFT 프로젝트이다.

BAYC의 NFT는 단일 최저가가 약 100이더리움(4억 원)에 이른다(2022년 3월 기준). 이 비싼 원숭이 그림은 세계적인 연예인, 운동선수, SNS 스타 등 셀럽들을 포함한 수많은 사용자들에 의해 거래되면서 그들만의 커뮤니티를 구축하고 있다.

유명 화가의 작품도 아니고, 오랜 시간 잘 보존된 유물도 아니다. 게다가 액자로 만들어 벽에 걸거나 만져볼 수도 없다. 그런데도 갖지 못해 안달하는 이들이 차고 넘친다. 대체 이 원숭이 그림의 가치가 치솟는 이유는 무엇일까?

'아는 사람만 아는' 신(新) 명품으로 나를 표현한다

BAYC의 가치가 급등한 배경에는 'PFP(Picture For Profile)'라는 트렌드가 있다.

많은 사람들이 자신의 SNS에 일상을 공유한다. 그러면서 자연스럽게 부(富)를 과시하거나 자신감을 표현하기도 하는데, 고가의 옷이나 액세서리, 차 같이 소유품을 자랑하거나 특별한 취미를 즐기는 모습 등을 사진, 영상으로 남기면서 자신이 '남다른 클래스'임을 뽐내는 것이 그 예이다. PFP는 이런 자기 자랑 욕구와 NFT가 결합해 등장한 새로운 트렌드다. BAYC와 같은 고가의 NFT 그림을 본인 SNS 계정의 프로필로 걸어, 그 정도의 부가 있음을 암시하고, 커뮤니티의 구성원들끼리 친밀도를 높이는 것이다.

BAYC 프로젝트는 미국의 회사 유가랩스(Yuga labs)에서 2021년에 출시했다. BAYC에는 독특한 스토리가 있는데, 이것이 중요한 성공 비결이다.

보유한 암호 화폐가 급상승하면서 막대한 부를 얻어 원하는 모든 것을 누리던 유인원들은 삶이 지루하게 느껴지면서 시시한 세상을 떠나기로 한다. 이들은 늪에 자기들만의 아지트를 만들고, 거기 숨어서 비밀 사교 클럽을 운영하는데, 이것이 BAYC이다.

재미있는 것은 '유인원'이라는 아이디어가 기존 NFT 생태계의 선두주자인 '크립토 펑크(Cryptopunk)'에서 비롯되었다는 점이다. 크립토 펑크의 5개 종족 중 두 번째로 희귀한 종족이 유인원인데 이들이 자신과 유사한 종족을 찾아 은밀하게 만든 것이 BAYC라는 스토리다.

©boredapeyachtclub.com

BAYC 메인 페이지

픽셀아트 NFT 시장을 연 21세기의 모나리자 '크립토 펑크'

BAYC가 등장하기 전까지 NFT 시장은 크립토 펑크가 주도하고 있었다. 2017년에 출시된 크립토 펑크는 '후대에 모나리자를 제칠 것이다.'라는 말이 나올 정도로 사용자의 소유욕을 자극했다. 크립토 펑크는 2020년부터 NFT 붐을 타고 빠른 속도로 사용자를 확보하며 2022년 1월 기준으로 디스코드(게임 커뮤니티)에 4만 명 이상의 사용자를 모았다.

8비트 그래픽에 24×24 픽셀로 그려진, 1990년대 오락실에서나 볼 수 있을 법한 디자인의 캐릭터들로 구성된 크립토 펑크를 처음 접한 사람들의 반응은 대부분 회의적이었다. 하지만 크립토 펑크는 NFT 아트 붐을 리드하며 빠르게 성장했다. 높은 진입 장벽과 실존

크립토 펑크 소개 페이지

가치의 논란 등으로 블록체인과 동일하게 '그들만의 리그'가 아니냐는 회의적인 시선이 있지만, NFT 시장은 이런 의견을 비웃기라도 하듯이 빠르게 성장했고, 시장의 메커니즘을 간파하고 일찍 진입한 사람들은 부를 축적할 수 있었다.

크립토 펑크는 미국의 라바랩스(Larva labs)라는 회사에서 2017년 6월에 출시한 NFT 프로젝트이다. 크립토 아트, 크립토 예술의 원조 격으로 불리는데, 많은 후발 프로젝트들이 뒤를 이어 비슷한 모델들을 출시하는 등 모티브가 되고 있다.

크립토 펑크는 사람이 직접 그린 것이 아니라, 프로그램을 통해 자동으로 생성한 이미지다. 라바랩스는 독특한 1만 개의 이미지를 생성해 NFT로 발행했다. 여기에는 종족(Type)과 속성(Attribute)이

©larvalabs.com

Attribute	#	Avail	Avg Sale ❶	Cheapest ❶	More Examples
Alien	9	3	8KΞ	10KΞ	
Ape	24	2	2.5KΞ	5KΞ	
Zombie	88	5	1.04KΞ	1.37KΞ	
Female	3840	486	66.45Ξ	70.70Ξ	
Male	6039	844	76.81Ξ	71.95Ξ	

크립토 펑크의 종족

무작위로 들어가는데, 이것이 가치를 결정한다. 종족으로는 외계인
(1등급), 유인원(2등급), 좀비(3등급), 여자사람(4등급), 남자사람(5등급)
이 있고, 희귀할수록 가치가 높아서 비싼 값에 거래된다.

　머리 모양, 모자, 귀걸이나 안경 등 액세서리, 화장법 등 캐릭터
들의 속성은 총 87가지이며, 이 역시 무작위로 부여된다. 한 캐릭터
당 최대 7개까지 속성을 가질 수 있는데, (늘 그렇지는 않지만) 보통
여러 가지 속성을 가지고 있을수록 고가에 거래된다.

　2022년 3월 현재 크립토 펑크 중 가장 비싼 캐릭터는 5822번
캐릭터로 2022년 2월에 약 290억 원(2억 3,700만 달러)에 판매가 체
결되었고, 이후 약 400억 원에 판매 중이다. 라바랩스는 발행한 1만
개의 NFT 중 9,000개를 배포했고, 1,000개는 회사 소유로 보유하고
있다.

	#	Avail	Avg Sale	Cheapest	More Examples
Nerd Glasses	572	59	78.86Ξ	79Ξ	
Black Lipstick	617	84	63.08Ξ	73Ξ	
Mole	644	79	66.22Ξ	75Ξ	
Purple Lipstick	655	77	78.06Ξ	71Ξ	
Hot Lipstick	696	96	63.45Ξ	71.95Ξ	
Cigarette	961	133	75.33Ξ	71.99Ξ	
Earring	2459	316	70.02Ξ	70.80Ξ	

Attribute	#	Avail	Avg Sale ❶	Cheapest ❶	More Examples
0 Attributes	8	1	0	3KΞ	
1 Attributes	333	37	1.12KΞ	89.95Ξ	
2 Attributes	3560	456	76.75Ξ	70.70Ξ	
3 Attributes	4501	593	72.27Ξ	71Ξ	
4 Attributes	1420	212	75.29Ξ	74.19Ξ	
5 Attributes	166	37	78.87Ξ	86.95Ξ	
6 Attributes	11	4	235Ξ	420.69Ξ	
7 Attributes	1	0	0		

©larvalabs.com

크립토 펑크의 캐릭터 속성

　　누군가 장난으로 그렸다 해도 믿을 정도로 단순하고 엉성한 모습인 크립토 펑크는 유명인들이 PFP로 활용하면서 가치가 폭등했다. 미국의 래퍼인 제이지(Jay-Z)와 기업 비자(VISA)도 PFP로 자신이 보유한 크립토 펑크를 사용한 적 있으며, 이런 스토리가 더해질수록 더 비싼 가격에 거래되는 상황이다.

선발 주자를 추월한 BAYC의 힘은 무엇일까?

이렇게 크립토 펑크가 NFT 시장을 주도하던 중 2021년 4월, 3년이나 뒤에 발행된 BAYC가 빠른 속도로 사용자를 확보한다. BAYC는 단기간에 디스코드 회원 21만 명을 돌파하였으며, 트위터 계정의 팔로워는 이미 94만 명을 넘어섰다.(2022년 5월 현재 크립토펑크의 트위터 계정 팔로워는 22만 명이다.)

BAYC와 크립토 펑크의 NFT는 동일하게 총 1만 개 발행되었다. 2022년 3월 현재 기준으로 NFT의 가치는 BAYC가 최저가 약 100이더리움(약 4억 원)으로 크립토 펑크의 최저가인 약 60이더리움(약 2억 3,000만 원)의 1.5배 이상의 가격에 거래되고 있다. 최초 민팅되었을 때 0.08이더리움이었던 점을 감안하면 현재 가격은 1,000배 이상 상승한 것으로, '엄청나다'라는 표현 외에는 딱히 알맞은 말이 떠오르지 않는다.

사람들이 이렇게 BAYC에 열광하는 이유가 무엇일까? BAYC를 개발한 유가랩스 창업자들은 자신들이 단순히 NFT를 판매하는 것이 아닌 '브랜드'를 판매하고 있음을 강조한다. 이들은 자신들의 목표가 'BAYC를 커뮤니티가 소유하는 세계적인 브랜드로 만드는 것'이라며 본인들은 분권화되는 지적재산권의 창구 역할을 수행할 뿐이라고 말한다. BAYC는 기존의 브랜드처럼 창업자가 부를 독점하는 형식이 아니라, 커뮤니티 전체가 생산된 상품을 공유하고, 그 가치를 스스로 높이며, 수익을 공유하는 민주적이며 분권화된 브랜드라는 것이다.

이 목표를 달성하기 위해 유가랩스 창업자들은 BAYC 홀더(소유자)들에게 다양한 혜택을 제공한다. 일단 BAYC는 소유자가 캐릭터를 다양한 세계관에서 활용할 수 있는 권한을 제공한다. NFT의 세계관이라고 하면 보통 메타버스 세상을 상상하겠지만 BAYC는 이런 고정관념을 과감히 깨고, 메타버스 세계와 현실 세계 모두에서 유저들이 작품을 활용할 수 있는 기회를 만들었다. BAYC의 NFT를 소유한 홀더는 오프라인에서 작품을 프린트하여 활용할 수 있고, 때로는 상품화시켜 부가가치를 창출할 수도 있다. 이것은 캐릭터의 상업적 활용을 금지하고 있는 크립토 펑크 등 여타 NFT들과 확연히 다른 부분이다.*

또 BAYC는 브랜드 가치 향상을 위해 홀더들만 참석할 수 있는 이른바 '멤버십' 행사를 여는데, 대표적인 것이 미국 뉴욕에서 1,000명을 대상으로 연 호화 요트 파티였다. 이후 BAYC 홀더만 참

---

* BAYC는 소유자에게 캐릭터에 대한 개인적 이용 권리뿐 아니라 상업적 이용 권리도 제공한다는 점에서 '특별한' 혜택을 부여한다고 말하고 있다. 통상 NFT의 소유자는 민팅하는 이들 또는 마켓플레이스가 정하는 상당히 제한적인 권리만 가질 수 있는데, BAYC는 캐릭터를 프린트하여 활용하고, 상품화하여 이익을 창출하면서도 원 저작권자인 BAYC에게 별도의 로열티를 지급할 필요가 없다. 다만, 저작권 자체가 양도되는 것은 아니고, 저작권은 BAYC에 유보된 상태로 '이용 허락 권한'만 부여된 것으로 보아야 한다.
BAYC가 NFT의 소유자에게 부여하고 있는 권한은 https://boredapeyachtclub.com/#/terms를 통해 확인할 수 있다.

가할 수 있는 핼러윈 파티, BAYC를 보유한 가수의 공연 등 다양한 행사를 연이어 개최하며 소유자에게 소속감과 유대감을 주고 결속력을 높였다. 몇 번의 멤버십 파티 이후 소유자들은 스스로 자신이 가진 자산의 브랜드 가치를 높이기 위해 뉴욕, LA 등지에서 BAYC 간판을 걸고 원숭이 탈을 쓴 행사나 공연을 열었다. BAYC 홀더인 유명 래퍼 에미넴, NBA 최고의 농구 선수 스테판커리 등이 이런 파티에 참석하고, PFP로 활용함으로서 BAYC 홀더들은 유명 인사들과 같은 커뮤니티에 소속되어 있다는 자부심을 가지게 되었다.

이런 일련의 과정들로 인해 BAYC의 영향력은 점점 더 커졌고, 세간의 주목을 받을수록 BAYC의 NFT 가격은 점점 더 높아졌다. 유가랩스 창업자들이 말했던 '브랜드'가 되는 과정을 착실히 밟고 있는 것이다.

기본 스토리를 바탕으로 확장되는 서브 작품들

커뮤니티 조성을 통해 유저들에게 소속감을 준 뒤 BAYC는 홀더들에게 특혜를 주어 브랜드에 대한 충성심을 높이고 있다. BAYC 운영사가 직접 홀더들을 대상으로 에어드롭(Air drop, 무상 지급)을 하는 것이 대표적이다.

2021년 6월, BAYC 홀더들은 생각지 못한 선물을 받았는데, 바

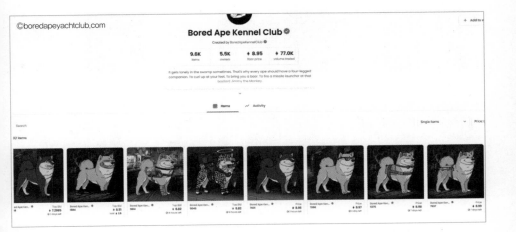

BAKC 캐릭터들

로 BAKC(Board Ape Kennel Club)였다. 유가랩스는 'BAYC 유인원들
이 외로움을 종종 느끼기 때문에 네 발 달린 친구가 필요하다.'는
재미있는 스토리와 함께 강아지 모양의 NFT를 홀더들에게 1:1로
지급했다. 입양에 동의한 홀더 9,816명은 BAKC를 받았고, 입양에
동의하지 않아 남겨진 강아지들은 '늪으로 도망가버렸다.'는 명목
으로 소각되었다고 한다. 강아지를 입양한 홀더들은 이 강아지들을
오픈시에 판매하여 추가 수익을 얻었다.

또 2021년 8월에는 MAYC(Mutant Ape Yacht Club, 돌연변이 유
인원 요트 클럽)를 출시하여 홀더들에게 아주 큰 혜택을 제공하였
다. MAYC는 총 2만 개의 일러스트로 구성되어 있는데, 1만 개의

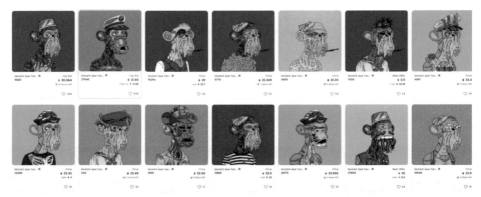

MAYC 캐릭터들

MAYC는 개당 3이더리움(약 90만 원)의 가격으로 경매에 올려 판매했고, 나머지 1만 개는 기존 홀더들에게 무료로 제공되었다. 이 과정에서 매우 흥미로운 부분은 무료로 제공된 것이 새로운 NFT 캐릭터가 아닌 '혈청(Serum)'이라는 것이다. 기존의 BAYC 캐릭터가 혈청을 마시면 돌연변이 유인원으로 변화한다는 설정인데, 이 과정에서 저렴한 BAYC 캐릭터도 고가의 NFT가 될 수 있다.

혈청은 종류에 따라 등급이 나뉘고 가격이 달라지며 M1, M2, M3(Mega Mutant: 메가뮤턴트)로 세 가지 등급이 있다. 총 1만 개 중 대부분인 일반 등급 M1이 7,500개 발행되었는데 단가는 21.42이더리움(약 7,000만 원)이고, M2 혈청이 2,492개 발행되었는데 단가는

46.69이더리움(약 1억 5,000만 원)이었다. 마지막으로 M3 메가뮤턴트 혈청은 단 8개만 발행되었으며 최대가 6,942이더리움(약 230억 원)에 거래되기도 하였다. 홀더들은 BAYC를 보유하고 있다는 것만으로 최소 20이더리움(약 6,000만 원)의 수익을 본 셈이다.

한편 상업적 부가가치 창출이 가능하다는 점도 BAYC의 세계관 확장에 크게 기여하고 있다. 앞서 언급한 바와 같이 BAYC NFT 홀더는 캐릭터를 활용해 상업적 활동이 가능하기에, 온오프라인에서 개인 프로젝트를 진행할 수 있다.

대표적인 예가 '메타사우르스 프로젝트'이다. Dr. DMT라고 본인을 소개한 홀더 중 한 명이 '나는 공룡을 복원하고 싶은 Dr. DMT 박사이며, 나의 유전자와 공룡의 유전자를 섞어 티라노사우르스를 부활시키려 한다.'는 스토리로 9,999개의 NFT를 발행했다. 이에 대한 민팅권을 BAYC 홀더들을 대상으로 먼저 제공하며 커뮤니티에 소속되어 있는 홀더들에게 특권을 제공하였다. 메타사우르스 프로젝트는 성공적으로 론칭하여 0.07이더리움(약 20만 원)에 민팅되었으며 최고 0.5이더리움(약 140만 원)을 터치하고 0.1이더리움(약 28만 원) 수준을 유지하고 있다. 성공적인 론칭을 한 메타사우르스는 '메타사우르스 펑크(Metasaurs Punks)'라는 콜렉션을 론칭하였고, 이 또한 완판되며 큰 인기를 누렸다.

이렇게 커뮤니티 사용자들 간의 시너지, 사용자들의 자체 마케팅 활동 덕분에 BAYC 프로젝트는 성공적인 행보를 걷고 있다. 그리고 BAYC의 성공은 또 다른 수많은 후발주자들을 탄생시켰다.

브랜드를 강조하는 NFT들의 부상

사이버콩즈(cyberkongz.com)는 2021년 3월에 출시된 NFT 프로젝트이다. 총 1,000개의 NFT를 생성하였으며 34×34픽셀 형태의 고릴라 그림을 무작위로 만들어 NFT로 발행하였다.

고릴라는 세 종류인데 초기에 발행된 사이버콩즈는 제네시스(Genesis) 콩즈이고, 990개의 일반 제네시스 콩즈와 10개의 레전드(Legendary) 콩즈가 민팅되었다.

일반 제네시스 콩즈와는 달리 레전드 콩즈는 경매로 판매되었으며, 두 캐릭터를 가지고 있는 홀더는 '교배'를 할 수 있다. 교배를 진행하면 아기 고릴라인 베이비콩즈(Baby Kongz)가 생성되고, 베이비콩즈 NFT는 총 4,000개까지 발행이 가능하다.

세 번째 고릴라의 종류는 '사이버콩즈VX'인데 이는 메타버스를 위해 준비된 3D 버전의 콩즈이다. 총 15,000개 모델을 준비 중에 있으며 메타버스 프로젝트들과 협업하여 그 안에서 캐릭터를 활용한 게임 출시를 목표로 하고 있다.

사이버콩즈도 홀더들에게 혜택을 제공하고 있다. 초기에 발행된 제네시스 콩즈를 보유한 홀더들에게는 바나나($BANANA)가 매일 10개씩 지급되는데, 이 바나나는 교배를 하는 데 사용되거나 현금화할 수 있다.

2022년 5월 현재 바나나의 시가는 3.5달러(약 4,200원) 수준으로, 매일 지급받으면 한 달에 10만 원 이상의 수익이 생기니 사용자 입장에서는 매력적인 요소이다. 다만, 바나나는 교배할 때 지속적으로 사용되어야 하니 매일 쌓이기만 하는 구조는 아니다. 바나나의 시가 또한 최대 122달러(약 15만 원)까지 치솟았다가 3달러 미만 수준으로 하락한 점을 감안하면 변동성이 있으므로 일정한 수익이 보장된다고 보기는 어렵다.

사이버콩즈 캐릭터

한편 제네시스 콩즈의 초기 NFT 민팅 가격은 0.01이더리움(4만 원)으로 2022년 5월 현재 최저가 약 5이더리움(2,000만 원)에 거래되는 것을 고려하면 500배 이상 상승한 상황이다.

'비슷하기만' 해도 몸값이 훌쩍 뛴다

국내에서도 2021년 12월, '메타콩즈(themetakongz.com)'라는 NFT 프로젝트가 출시되었다. 메타콩즈는 BAYC와 사이버콩즈를 모티브로 만들어졌는데, 추진하는 내용이나 주요 이벤트, 운영 방식 등을 BAYC와 사이버콩즈의 좋은 내용들만 섞었다. 메타콩즈는 최초 민팅 당시 20만 원 수준에서 시작하여 2,000만 원 수준으로 거래되는 등 약 100배 이상의 가격 상승을 달성하며 성공적인 프로젝트로 평가받는다.

국내 프로젝트인 만큼 카카오에서 운영하는 클레이튼(Klaytn) 네트워크 기반으로 운영하고 있는 메타콩즈는 총 1만 개 민팅되었으며, 홀더들에게는 매일 '메콩코인'이라는 자체 발행한 가상 화폐가 지급된다. 사이버콩즈가 홀더들에게 바나나를 제공하는 컨셉과 동일하다. 국내에서 형성된 커뮤니티를 통해서 국내를 대표하는 PFP로 마케팅하고 있으며 유명 뮤지션인 선미, 세븐과 협업하여 대중성을 확보하고 있다.

메타콩즈 소개 페이지

메타콩즈의 사업 내용은 앞에서 알아본 BAYC나 사이버콩즈와 거의 유사하다. 기존의 일반 NFT 캐릭터를 민팅하고, 혈청 에어드롭을 통해 혼혈 돌연변이 뮤턴트콩즈인 지릴라(G.rilla)가 새롭게 탄생한다. 콩즈 홀더들에게 매일 메콩코인을 발행하고, 이를 활용하여 교배를 통해 베이비콩즈를 탄생시킬 수 있다. 1,000개의 제네시스와 4,000개의 베이비콩즈로 설정한 사이버콩즈와 유사하게 메타콩즈는 1만 개의 제네시스와 4만 개의 베이비콩즈를 생성할 수 있도록 설정해 놓았다.

메타콩즈는 해외의 유명 NFT 프로젝트들을 벤치마킹한 모델임에도 불구하고, 적극적인 마케팅을 통해 견고한 커뮤니티를 구축하고 있다. 대표이사가 유튜브에 출연하여 운영 방식과 취지를 설명하

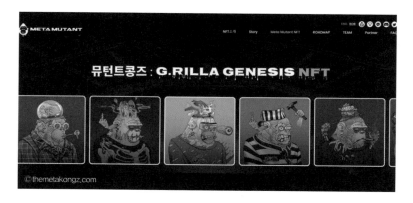

메타콩즈의 돌연변이인 뮤턴트콩즈 캐릭터

거나 엔터테인먼트 기업들과 협업을 통해 영화관에 메타콩즈 캐릭터를 비치하는 등 온오프라인에서 다양한 마케팅을 진행하고 있다.

NFT 프로젝트에서 무엇보다 중요한 요소는 커뮤니티와 프로젝트의 지지자들이다. 커뮤니티에서 우선 인정을 받으면 수요의 법칙에 따라 높은 가격대에 거래된다. 메타콩즈는 현재 빠르게 커뮤니티를 형성했고, 한정판 제품에 대한 수요 증가로 인해 고가의 거래 사이클을 형성하여 한때 오픈시 클레이튼 기반 NFT들 중 거래량 1위에 등극하는 등 매우 뜨거운 행보를 보여주었다.

메타콩즈는 해외 사례 스터디를 통해 홀더들에게 지속적으로 혜택을 제공하면서, 다양한 프로젝트들과 협업을 하며 세계관을 확장하고 있다. 처음부터 3D로 캐릭터를 생성함으로써, 디자인적 요소나 퀄리티 측면에서 메타버스와 같은 타 분야에서 활용될 수 있는 가능성을 열어둔 것도 긍정적인 요소로 평가된다.

브랜드 NFT의 미래는 여전히 '맑음'

BAYC와 사이버콩즈, 메타콩즈 사례에서 우리가 얻을 수 있는 시사점은 무엇일까? 브랜드 NFT의 가능성은 '무한하다'는 것이다.

현재 NFT 시장, 특히 탄탄한 커뮤니티와 지지층을 보유한 브랜드 NFT 시장에는 계속 새로운 투자자들이 유입되고 있으며, 유명인과 유명 기업들도 적극적으로 참여하고 있다.

세계 최대 규모의 NFT 거래소인 오픈시(Opensea)는 활동 유저 100만 명 이상, 월간 1억 2,000명 이상(2022년 2월 기준)의 방문자 트래픽을 달성하는 등 많은 사람들이 관심을 보이고, 수많은 글로벌 사용자들의 거래가 이루어지고 있다.

가치가 점점 더 높아지는 브랜드의 특징은 '자부심'을 준다는 것이다. 고가의 NFT 작품은 이미 본인의 부를 과시하는 수단으로 활용되고 있고, 여기에 '나와 비슷한 작품을 소유한 사람들끼리의 만남(커뮤니티)'까지 주선함으로써 개인 대 개인, 기업 대 개인을 대상으로 한 수많은 경제적, 사업적 혜택과 시너지 효과를 일으킨다. 새로운 기술과 트렌드에 진입하여 새로운 시대를 열고 있다는 자부심, 이런 기술을 통해 미래에 나타날 수많은 가능성들의 선점 효과 등은 덤이다.

또 브랜드 NFT는 아트 NFT에 비해 게임적인 요소가 두드러지기 때문에 진입한 유저가 쉽게 이탈하지 않는 특성을 가진다. NFT를 가지고 있는 것만으로도 누릴 수 있는 특별한 재미와 강력한 스토리텔링 요소는 쉽게 빠져들지만 쉽게 헤어나올 수 없게 한다.

이런 이유로 더 많은 사용자들이 NFT 시장으로 유입되고 있으며, 이들의 기대감으로 인해 NFT 수집 시장은 더욱 발전할 것으로 전망하고 있다. 일부에서 NFT 작품들의 가격이 거품이라는 이의를 제기하지만, 객관적인 수치를 봤을 때 NFT 투자는 이제 막 걸음마를 뗀 것이라 할 수 있겠다.

NON-FUNGIBLE TOKEN

2 NFT,
비즈니스를
지배하다

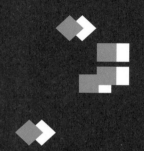

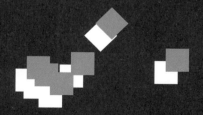

기업들은 왜 NFT를
돈 되는 비즈니스로 판단했을까?

웹 1.0 시대와 웹 2.0 시대를 지나

초고속 인터넷이 보급되면서 책들은 스캔되고, 소프트웨어는 크래킹되었다. '공유 정신'이라는 공감하기 힘든 캐치프레이즈를 내세워 콘텐츠들을 무단으로 복제하고 공유하는 와레즈(Warez), 냅스터(Napster), 소리바다 같은 서비스를 아무렇지 않게 이용했고, 심지어 온라인에서 접하는 콘텐츠는 무료라는 개념을 당연시 여기던 시절이 있었다. 당시 인터넷 사용자들은 게시판과 자료 공유 플랫폼을 통해 각종 데이터를 무료로 다운로드 받았다. 이때가 웹 1.0 시대이다.

단순히 저장되어 있는 자료를 찾아 직접적으로 즐기던 웹 1.0

시대를 지나 사용자가 콘텐츠를 만드는 데에 참여하고 자료를 공유하고 개방하는 웹 2.0 시대가 도래했다. 이제 우리는 플랫폼을 통해 유무형의 대가를 지불하고 콘텐츠를 즐기는 것을 자연스럽게 생각한다. 이 시대의 광고 기반 인터넷 모델에서는 광고를 보는 대가로 대부분의 콘텐츠를 무료로 이용할 수 있다. 네이버 포털의 검색창 근처를 둥둥 떠다니는 배너광고나 구글 검색 상단에 노출되는 광고를 보고 서비스를 이용했듯이 말이다.

최근에는 넷플릭스, 유튜브와 같은 OTT 서비스 플랫폼과 애플 뮤직, 멜론, 플로와 같은 음원 스트리밍 플랫폼을 통해 이용료 결제 후 콘텐츠를 즐기는 것이 대세가 되었다. 모바일 라이프에 익숙한 독자라면 최소 한 개 이상의 서비스를 활용하고 있을 것이다. 즐거움에 대가를 지불하는 것이 당연시된 것이다. 지금 우리는 이러한 웹 2.0 시대를 살고 있다.

투명하고 공정한 웹 3.0 시대가 온다

이제 웹 3.0시대가 도래하고 있다. 블록체인 네트워크를 활용해 콘텐츠의 탈중앙화가 이뤄지고 있으며 콘텐츠는 분산 저장되고 스마트 콘트렉트로 관리자의 개입 없이 웹 이용이 가능해지고 있다. 플랫폼 없이 개인이 직접 상대와 소통할 수 있는 시대가 된 것이다.

탈중앙화로 개인 정보를 드러내지 않고도 결제와 계약이 가능하다.

지금까지 우리는 다양한 사회경제적 규칙, 의사 결정, 분배를 중앙집권적 기관 또는 조직의 판단에 의존했다. 금융기관, 정부, 포털, 스트리밍 서비스 회사, 게임 제작사, 소셜 미디어 회사 등이 그런 역할을 했다. 웹 3.0 시대에는 이런 중앙집권적 조직(플랫폼)에 의지하지 않을 수 있다. 재화나 콘텐츠를 만드는 크리에이터, 콘텐츠를 사용하는 소비자 같이 생산과 소비에 직접 관여하는 주체가 중심이 되어 '탈중앙화'된 서비스를 즐길 수 있다. 바로 NFT를 통해서다.

웹 3.0 시대를 선점하기 위한 제1의 무기는 NFT

NFT를 통해 소비자는 크리에이터, 아티스트와 직접 소통이 가능하게 되었다. 이는 곧 소비자가 언제든 크리에이터가 될 수 있으며, 거래의 주체가 될 수도 있다는 의미다. 블록체인 기술을 활용해 특정 이미지, 비디오, 수집품 등의 메타데이터를 토큰에 담아 디지털로 변환하고 고유 식별번호를 부여하여 거래할 수 있는 NFT를 통해 콘텐츠 곳곳에 소비자와 크리에이터가 함께할 수 있게 된 것이다. 무형의 엔터테인먼트 콘텐츠도 고유성을 갖고 거래가 가능하게 된 시대가 되었다.

탈중앙화가 진행되며 NFT를 통해 표현하는 콘텐츠의 가치와 특성이 더 뚜렷하게 나타날 수 있을 뿐만 아니라 여러 의사 결정과 경제적 배분에서 크리에이터와 소비자에게 더 큰 힘과 권한이 주어지게 될 것이다. 그 힘과 권한을 통해 더 많은 콘텐츠들이 생산될 것이며, '양이 질을 만든다(Quantity makes Quality)'는 말처럼 고퀄리티의 콘텐츠들이 세상에 나타날 것이다. NFT를 통해 기존에 우리가 생각지 못했던 분야에서 탈중앙화된 거래가 성사될 수 있으며, 더 투명하고 신뢰할 수 있는 사회가 마련될 것이다.

'문제는 새로운 기술을 발명하는 것이 아니라 그 기술의 용도를 발견하는 것'이라고 했던가? 중요한 건 웹 3.0시대를 '어떻게(How) 열 것인가.'이다. 웹 3.0 시대의 시그널을 먼저 읽고 움직이는 기업과 개인들은 NFT를 새로운 시대를 여는 열쇠로 생각하고, 다양한 방식으로 비즈니스를 펼쳐나가고 있다. 그래서 '돈'에 관심 있는 우리는 지금 비즈니스 세계에서 NFT를 어떻게 활용하는지 살펴볼 필요가 있다. 앞으로 NFT의 활용 범주를 예측해 보고, 투자처로서 가능성을 점치기 위한 필수 과정이다.

브랜드와 NFT의
상관관계

 '나이키와 아디다스는 로블록스보다 나은 메타버스 주식 종목
이다.'라는 말을 이해할 수 있는가?

 나이키는 로블록스, 제페토, 더 샌드박스와 같은 메타버스에서
다양한 수익 모델을 만들 뿐만 아니라 NFT를 발행하며 비즈니스
영역을 확장하고 있다. 한정판 운동화를 드롭해 리셀 시장의 한가
운데에서 시장을 주도하는 등 활동 영역을 넓히고 있는 나이키는
현 시점에서 NFT 기술을 가장 잘 이해하고 부가가치를 효과적으
로 활용하는 회사라 해도 과언이 아니다.

나이키와 아디다스: 신발을 교배하다

나이키는 패션 전문 NFT 스튜디오 아티팩트(RTFKT)를 인수하면서 가상 패션 시장에 본격적으로 진출했다. 스튜디오 아티팩트는 2020년 1월에 만들어진 가상 패션 전문 플랫폼으로 3D 스니커즈와 패션 아이템을 판매하는 회사이다.

아티팩트는 여러 디자이너, 아티스트와 손잡고 디지털 신발 NFT를 발행했고, 프로젝트들이 크게 흥행하면서 본격적으로 주목받기 시작했다. 대표적인 것이 '일본의 앤디워홀'이라 불리는 무라카미 다카시와 함께 출시한 아바타 NFT '클론X'인데, 발매 즉시 완판해 화제를 모으기도 했다. 아티팩트는 AR 필터 기술로 가상 신발을 신어보고 인스타그램에 자랑할 수 있는 서비스도 제공한다.

공격적으로 시장에 진출한 나이키는 2021년 2월, 디지털 아티스트 푸오셔스와 함께 만든 600종의 가상 스니커즈 NFT를 발매했고, 7분 만에 완판시켰다. 당시 수익은 무려 310만 달러(약 37억 원)에 달했다.

이에 앞서 나이키는 2019년 NFT로 신발을 관리하는 특허를 출원했는데, 재미있는 것은 이 기술을 통해 가상 신발의 '교배(Breed)'가 가능하다는 점이다. 서로 다른 디자인의 신발을 섞어 가상공간에서 새로운 디자인의 신발을 만드는 게 가능하다는 의미다. 게다가 나이키는 이렇게 교배를 통해 만든 가상의 신발을 실물로 생산할 수 있는 능력까지 갖추었으니 그 파급력은 어마무시할 것으로 예상된다.

나이키의 선전에 늘 2등이었던 아디다스지만 NFT 비즈니스에서만큼은 한 발 빨랐다. 2021년 12월 '아디다스 오리지널: 메타버스 속으로(Into the Metaverse)' 프로젝트를 선보이며 메타버스 사업에 진출한 것이다. 아디다스는 콜렉팅 NFT의 대표 주자인 BAYC와 협업했는데, NFT를 구매한 고객들에게 후드 스웨터와 모자 등 한정판 실물 상품 4종을 제공해 가상과 현실을 연결하는 비즈니스 모델을 구축했다. '메타버스 속으로' NFT 총 3만 개를 개당 0.2이더리움에 판매해 2,300만 달러(약 277억 원)의 수익을 거둔 아디다스는

(왼쪽) NFT 스튜디오 아티팩트가 만든 나이키 디지털 신발과 의류
(오른쪽) 아디다스 NFT 프로젝트 '메타버스 속으로'

NFT를 한정판 실물 운동화를 살 수 있는 교환권으로 활용하는 동시에 앞으로 구축할 아디다스 가상공간의 입장권으로 쓰겠다는 전략을 밝혔다.

나이키와 아디다스뿐만 아니라 다른 의류 브랜드들도 앞다투어 NFT 기술을 도입하고 있다. 각 브랜드는 NFT의 위조 방지 기능을 활용해 브랜드력 강화, 비용 절감이라는 목표를 달성하면서 가상세계로의 시장 확대도 꾀하고 있다. 특히 명품 브랜드의 움직임이 주목할 만하다.

프라다, 돌체앤가바나, 구찌:
명품의 가치는 온라인에서도 빛난다

이탈리아의 명품 브랜드 프라다(Prada)는 NFT 비즈니스를 성공적으로 진행하고 있는 아디다스와 협업하여, 폴리곤 기반의 NFT 프로젝트 '아디다스 포 프라다(Adidas for Prada)'를 진행했다. 디지털 아티스트 잭 리버만(Zach Lieberman)은 프로젝트에 참여하길 원하는 일반 유저들로부터 디자인에 적용될 사진을 수집했고, 제공받은 이미지를 NFT 콘텐츠로 제작했다.

잭 리버만과 프라다는 총 3,000점의 이미지를 선정해 타일 형태의 이미지로 만들었고, 2021년 1월 28일부터 3일간 슈퍼레어를 통

adidas for Prada re-source by Zach Lieberman

Edition 1 of 1

adidas for Prada re-source
by Zach Lieberman
#1 of 1 in Series

adidas for Prada re-source by Zach
Lieberman is an immersive artwork of
decentralized community image
contributions and the culmination of

©prada.com

**프라다×아디다스 협업 NFT 프로젝트
'아디다스 포 프라다'**

해 판매했다. 작품 판매로 발생한 수익금은 교육 관련 비영리 단체
인 슬로우 팩토리(slowfactory.earth)에 기부했다.

NFT를 단순히 수익을 창출하는 수단으로 이용하지 않고 기부
를 한 것은 프라다 그룹의 예비 최고 경영자로 지목받는 로렌조 베
르텔리의 생각이다. 이 프로젝트는 커뮤니티가 대규모 예술 작품에
기여하고, 공동 제작을 통해 작품을 완성했으며, 디지털 소유권을
사회와 공평하게 나누었다는 점에서 NFT의 혁신적인 이점을 잘
드러낸 프로젝트라는 평가를 받는다.

돌체앤가바나(D&G)는 자신들의 NFT 데뷔 콜렉션 '콜레치오네
제네시(Collezione Genesi)'를 1885.73이더리움(약 560만 달러)에 판매

**돌체앤가바나의 NFT 콜렉션
'콜레치오네 제네시'**

했다. NFT 마켓인 UNXD와 협업해 선보인 이 콜렉션을 구성하는
9개 작품은 모두 돌체앤가바나의 디자인 시리즈인 알타 모다, 알타
사토리아, 알타 조엘레리아 라인에 속하는데, 현실의 콜렉션 옷과
NFT를 모두 소장한 사람에게는 디지털 세계에서 착용할 수 있는
맞춤형 아이템과 더불어 돌체앤가바나의 다음 이벤트 독점 접속권
을 제공했다.

　실제 옷을 만들어 판매하는 것보다 월등히 높은 수익률을 올
린 돌체앤가바나는 데뷔 콜렉션의 성공에 힘입어 UNXD와 협업
해 자체 NFT 커뮤니티인 'DG패밀리'를 구축했다. DG패밀리 박
스 NFT를 구매하면 다음 NFT를 구매할 수 있는 화이트리스트에

오름과 동시에 실물 상품 우선 구입 권한, 이벤트 참여권 등 혜택이 제공된다. NFT 비즈니스의 정석 같은 코스인 커뮤니티 형성을 명품 브랜드에서도 전개하는 것이다.

DG패밀리 박스 NFT를 보유한 사람은 밤새 백화점 문 앞에서 대기해 명품을 구입하는 '오픈런'에 더 이상 동참할 필요가 없다. 이러한 리스트 관리는 다른 명품 하우스 브랜드들도 조만간 도입할 것으로 예상된다.

'힙'한 것에서 빠질 수 없는 구찌(Gucci)도 NFT 시장에 뛰어들었다. 구찌는 메타버스 플랫폼인 제페토(ZEPETO)와 로블록스(Roblox)에서 아이템을 판매했는데, 5.5달러(약 6,600원)에 발매된 디오니소스 백은 4,155달러(약 500만 원)에 거래되기도 했다.

더 샌드박스에 가상 부동산을 구입하며 메타버스에서의 브랜딩에도 박차를 가하던 구찌는 2021년 6월 4일, 크리스티 경매에 NFT 상품을 올린다. 구찌의 크리에이티브 디렉터 알렉산드로 미켈레와 영화감독 플로리아 시지스몬디가 협업해 만든 비디오 작품이었는데, 구찌의 패션 아이템을 착장한 모델과 슬로우 모션으로 달리는 백마의 모습을 담은 4분 5초짜리 디지털 클립이다. 2만 5,000달러(약 3,000만 원)에 낙찰된 이 작품의 수익은 유니세프에 기부되었다.

단발성으로 진행했던 디지털 클립 NFT 이후 구찌는 2022년 2월 미국의 NFT 스타트업 슈퍼플라스틱(Superplastic)과 협업해 '슈퍼 구

구찌×슈퍼플라스틱 협업 NFT 프로젝트 '슈퍼 구찌'

찌(Super Gucci)'란 이름으로 NFT 콜렉션을 출시했다. 구찌의 크리에이티브 디렉터 알렉산드로 미켈레의 주도하에 디자인된 500개의 NFT는 구찌 아리아 콜렉션의 고유한 코드가 삽입되어 있고, NFT를 구매한 홀더에게는 이탈리아의 도예가가 손으로 만든 8인치 높이의 실물 세라믹 조각품이 함께 제공되었다.

　손으로 만질 수 있는 실물 작품까지 소장할 수 있는 기회가 포함된 구찌의 슈퍼 구찌 NFT는 NFT 가치 상승을 통한 이익 창출과 실제 작품 리셀을 통한 이익 창출이라는 두 마리 토끼를 한꺼번에 잡을 수 있는 구조라서 더 매력적이다.

　이 밖에 지방시(Givenchy), 버버리(Burberry), 루이비통(Louis Vuitton), 발망(Balmain) 또한 블록체인 기반 게임과 협업하거나 캐릭터를 활용해 NFT 비즈니스를 전개하고 있어 더 많은 명품 브랜드들이 앞으로 NFT 시장에 진출할 것으로 예상된다.

2021년 모건 스탠리는 2030년까지 NFT 시장 규모가 3,000억 달러(약 36조 원)까지 성장하고, 그 가운데 560억 달러(약 6,700억 원)가 명품 산업에서 창출될 것이라는 전망을 내놓은 바 있다. 구찌, 루이비통 등 명품 브랜드들은 2030년까지 전체 매출의 10%를 NFT에서 얻을 것이라는 예상도 내놓았다.

하지만 명품 브랜드들이 NFT와 결합한 비즈니스를 성공적으로 운영하기 위해 극복해야 할 과제가 있다. 바로 가상 자산에 익숙한 사람들뿐 아니라 해당 브랜드를 좋아하는 기존 고객도 고려해야 한다는 점이다. NFT 구매 과정 자체가 기존 고객이 이용하기엔 어렵다는 평가가 대부분이다. 이 과제를 성공적으로 해결한다면 잠재적 소비자인 MZ세대까지 전 세대를 아우르며 성장할 수 있을 것이다.

맥도날드와 버거킹:

마케팅 고수들, 갖고 싶은 NFT로 마케팅하다

F&B 산업에서도 비즈니스에 NFT를 적용하고 있다. 2021년 11월 1일, 맥도날드는 바비큐 샌드위치인 맥립 출시 40주년을 기념해 이벤트를 열었다. 트위터에서 '@McDonalds'를 팔로우하고 경품 초대장을 리트윗한 참가자 중 10명을 선정해 NFT를 경품으로 증정

한 것이다.

맥도날드의 맥립은 1982년에 출시해 4년간 판매하였다가 사라진 전설의 메뉴이다. 이후에는 한정된 기간에 일시적으로 판매하는 마케팅 전략을 구사해왔는데, '먹고 싶어도 먹을 수 없는 맥도날드 메뉴'인 맥립을 원하는 고객을 위해 파는 매장을 찾아주는 '맥립 파인더(McRib Finder)' 앱을 출시해 운용할 정도로 인기가 있다. 이러한 맥립의 희소성을 그대로 NFT로 이어 맥립 NFT를 증정함으로써 맥도날드, 특히 맥립의 팬들을 열광시켰다.

버거킹은 맥도날드보다 조금 더 빨랐다. 버거킹은 인공 재료가 적게 들어간 '킵 잇 리얼 밀즈(Keep it real meals)'라는 새로운 제품 라인을 지원하기 위해 NFT 마켓플레이스 스위트(Sweet)와 함께 게임

(왼쪽) 맥도날드 맥립 NFT
(오른쪽) 버거킹×NFT Sweet Market의 NFT 캠페인

콘셉트로 NFT를 발행했다.

세 가지 패키지로 구성된 킵 잇 리얼 밀즈 박스에 있는 QR코드를 스캔하면 하나의 NFT를 받게 되고, 세 가지 패키지의 NFT를 모두 모으면 보상 개념으로 네 번째 NFT를 받게 된다. 이 NFT를 통해 별도 보상을 받을 수 있는데, 3D 디지털 수집품 수령, 1년간 무료로 버거킹의 대표 메뉴 와퍼를 먹을 수 있는 기회 획득, 캠페인 홍보 대사와의 통화 기회 등이다. 버거킹의 NFT는 상품의 판매율을 높이면서 동시에 브랜드 충성도를 높일 수 있는 NFT 사례로 볼 수 있다. 이는 단순 바이럴을 목적으로 한 맥도날드의 마케팅과 차별화된다.

코카콜라와 펩시:
마실 수 없는 7억 원짜리 콜라와 300만 원이 된 공짜 NFT

버거와 단짝인 콜라가 빠지면 서운하다. 코카콜라는 유엔(UN)이 지정한 '국제 우정의 날'을 기념해 2021년 7월, 코카콜라 기념품 NFT를 기획해 경매에 부쳤다. 나흘간 진행된 경매에서는 1956년식 레트로 자판기, 가상현실 플랫폼에서 착용할 수 있는 코카콜라 배달 유니폼, 콜라 병을 따는 소리, 얼음 위에 코카콜라를 따르는 소리가 NFT로 제작되어 판매되었다.

이 NFT는 단순 소장용이 아니라 메타버스 플랫폼 디센트럴랜드에서 사용할 수 있는 아이템으로, 전통적인 브랜드들이 소장용 NFT를 판매했던 것에서 나아가 가상 공간에서의 경험까지 제공한 것에 큰 의미가 있다. 뿐만 아니라 수익금은 지적장애인과 발달장애인을 위한 국제 스포츠 대회인 '스페셜 올림픽'에 기부되어 구매자는 디센트럴랜드에서 마음껏 기부 활동 경험을 뽐낼 수 있으니 NFT의 긍정적 사례로 볼 수 있겠다.

코카콜라의 첫 NFT는 경매에서 57만 5,000달러(약 7억 원)에 판매되었는데, 2022년 3월 현재 오픈시에 1,000이더리움(약 300만 달러, 약 30억 원)에 리스팅되어 있다. 판매자가 4배 이상의 수익을 기대하고 있다는 의미다.

맥도날드와 버거킹의 관계처럼, 코카콜라와 펩시의 관계 또한 흥미로운 포인트다. 펩시는 기념의 의미를 담은 코카콜라의 NFT 사례에서 나아가 랜덤한 고유의 NFT를 가질 수 있는 프로젝트를 기획했다. 2021년 12월 펩시는 이더리움 기반의 NFT 1,893개를 민팅했다. 1893은 펩시의 설립연도를 상징하는 숫자다. '펩시 마이크 드롭'으로 명명된 이 NFT 프로젝트는 마이크 이미지를 변형해 제작했는데, 이는 팝스타와 음악사의 거장에 대한 경외를 뜻한다.

펩시는 민팅되는 NFT에 희소성을 부여하기 위해 믹스되는 아이템의 숫자를 별도 공시했고, 희귀한 아이템이 믹스된 NFT일수

(왼쪽) 코카콜라의 레트로 NFT
(오른쪽) 펩시의 마이크 드롭 NFT

록 값이 비싸질 수 있도록 설정했다. 무료로 드롭된 펩시 NFT는 2022년 3월 현재 평균 1이더리움(약 300만 원)에 판매되고 있다. 민팅에만 성공했다면 100만 원 이상의 수익을 얻을 수 있는 기회였던 것이다.

신세계 백화점과 CU:
자주 가는 백화점과 편의점에서 돈 벌기

국내 유통사들도 앞다투어 NFT 시장에 진출하고 있다.

신세계 백화점은 2022년 2월, 봄 시즌을 맞아 미국 3D 아티스트 베레니스 골먼(Berenice Golmann)과 협업해 만든 점포의 테마 이미지를 NFT로 발행해 백화점 모바일 앱 이용 고객에게 무료로 배

SHINSEGAE NFT
Spring Vibes 3
Price
Ⓔ 51
Offer for Ⓔ 1,223

SHINSEGAE NFT
Spring Vibes 1
Price
Ⓔ 60
Ⓘ 5 days left

SHINSEGAE NFT
Spring Vibes 4
Price
Ⓔ 59
Ⓘ 5 days left

ⓒopensea.io

신세계 백화점에서 에어드롭한 NFT

포했다. 꽃이 피어나는 5개의 영상을 10초 길이로 제작한 1,000개의 NFT는 백화점 앱을 이용하는 고객을 대상으로 추첨을 통해 배포되었다. 클레이튼 기반으로 제작된 신세계 백화점의 NFT는 카카오톡 디지털 지갑인 '클립'과 연동시켰고, 무료로 뿌려진 NFT는 50클레이튼(약 6만 7,000원)에 재판매되고 있다(2022년 3월 현재). 펩시 NFT만큼의 수익은 아니지만 무가 이벤트를 통해 경제적 혜택을 얻을 수 있는 이런 에어드롭 이벤트는 잃는 것 없는 투자인 셈이다.

국내 대표 편의점 브랜드 CU는 자사의 멤버십 앱 '포켓CU'에서 NFT를 얻을 수 있는 이벤트를 진행했다. CU는 캐릭터 작가 레이레이와 협업해 사탕을 전달해 사랑을 도와주는 '캔디 러버', 물건을 살 때마다 똑같은 물건이 하나 더 생기는 '원 플러스 원', 캐러멜을 전달해 사람들의 기분을 좋게 해주는 '카라멜 카멜' 등 3종의 캐

CU편의점의 NFT 이벤트

릭터를 제작해 314개의 NFT를 발행했다. 1일 1회 응모할 수 있는 이 이벤트는 편의점을 이용하는 고객이라면 누구나 도전할 수 있기에, 이벤트 주최자의 입장에서 고객의 브랜드 참여와 구매율을 높일 수 있고 소비자 입장에서는 NFT를 받을 수 있는 기회가 생기는 이로움이 있다.

브랜드의 영향력을 재고할 수 있으면서 소비자에게도 이익을 줄 수 있는 NFT 접목 이벤트는 앞으로도 꾸준히 기획될 것으로 예상된다. 브랜드 운영자라면 화제성 있고, 타깃 소비자들이 흥미를 가질 만한 이벤트를 계속 고민하고, 소비자라면 좋아하는 브랜드, 자주 이용하는 유통업체의 이벤트 소식을 챙겨보는 것도 좋은 투자 포인트가 되겠다.

팬더스트리와 함께하는
NFT

　'팬더스트리(Fandustry)'는 스포츠나 아이돌 등 자신이 좋아하는 어떤 것에 열광하는 사람을 지칭하는 팬(Fan)과 산업을 의미하는 인더스트리(Industry)를 합성한 신조어다. 상품과 서비스를 보고 구매하는 것이 아니라 좋아하는 스타, 캐릭터, 세계관 등을 바라보고 구매하는 팬덤 소비의 특징으로 형성된 산업이다. 응원하는 스포츠 구단의 경기를 보고, 응원 도구를 사는 것, e-스포츠 중계를 관람하는 것, 트위치(Twitch)나 아프리카TV(Afreecatv)를 보며 별풍선을 쏘고 도네이션하는 것까지 모두 팬더스트리에 포함된다. 이런 소비는 게임과 메타버스 세계에서도 이어지고 있으니, 팬이 존재하는 모든 산업에 NFT 요소를 접목해 새로운 시장을 개척할 수 있다.

팬더스트리의 대표적인 사업 영역으로는 굿즈(Goods, 스타와 관련된 각종 상품)와 MD(Merchandise, 특별기획 상품), 공연과 팬덤 플랫폼을 들 수 있는데, 포토카드 같은 굿즈 영역이 가장 빠르게 NFT화되고 있다.

플랫폼을 만들어가는 엔터테인먼트 회사들

하이브의 BTS를 필두로 한 K-POP 팬더스트리는 고스란히 NFT 산업으로 이어지고 있다. 2022년 하반기 이후 하이브, SM엔터테인먼트, JYP엔터테인먼트, YG엔터테인먼트는 연이어 NFT 사업을 진행하겠다고 발표했다. 뿐만 아니라 중견 기획사인 큐브엔터테인먼트, RBW, 브레이브엔터테인먼트도 NFT 사업 전개를 발표하거나 사업 협력을 통해 NFT 발행을 진행하고 있다.

이렇게 너나 할 것 없이 NFT 시장에 뛰어드는 상황에서 좋아하는 아티스트와 관련된 NFT를 눈여겨보는 것은 비교적 손쉽게 NFT 산업에 접근하는 방법으로 판단된다.

글로벌 팬덤을 타깃으로 하는 하이브

2021년 11월 4일 BTS의 소속사 하이브는 업비트의 운용사 두

NFT 사업을 위해 하이브와 두나무는 LA카운티 산타모니카에 합작 법인
'레벨스(Levvels)'를 설립했다.

나무와 NFT 사업을 하겠다고 밝혔다. 두나무는 하이브에 7,000억
원을 투자, 하이브는 두나무에 5,000억 원을 상호 투자하며 지분을
섞었다. 기업 간 상당 규모의 지분을 섞는 것은 사업 협력의 강도가
그만큼 끈끈하다는 의미다.

　두나무는 NFT 시장 진출을 위해 하이브와 미국에 합작투자회
사를 설립해 하이브의 IP를 활용한 NFT를 발행할 예정이라고 밝
혔다. 하이브의 방시혁 의장은 팬들이 수집하는 포토카드를 예로
들어 NFT의 유용성을 설명했다. 포토카드는 뮤직비디오 등에서
보는 아티스트의 모습 외에 제작 비하인드, 아티스트의 일상을 담
고 있다. 실물 포토카드의 경우 한정 수량으로 발행되기 때문에 팬
들끼리 서로 교환하여 원하는 카드를 얻기도 하는데, 이를 NFT화

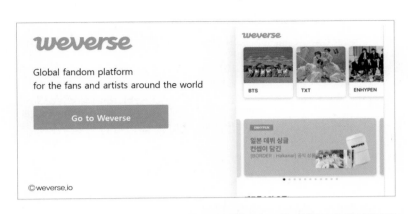

하이브-네이버의 합작 팬 커뮤니티 플랫폼 '위버스'

할 경우 블록체인 기술을 통해 고유성을 인증받고 영구 소장이 가능할 뿐만 아니라, 글로벌 팬 커뮤니티를 통해 수집품을 전시하거나 서로 교환할 수도 있기 때문에 팬 경험을 확장시키는 데 큰 영향을 끼칠 것으로 기대된다.

하이브는 네이버와의 합작 회사 위버스컴퍼니를 통해 팬 커뮤니티 플랫폼 '위버스'를 운영하는데, 하이브-두나무 합작 회사에서 발행한 NFT는 위버스 메타버스에서 전시, 교환 등의 활동을 하며 적극적으로 활용할 수 있다.

더 기대되는 점은 글로벌 아티스트 참여 여부이다. 2021년 4월에 하이브는 미국 종합 미디어 기업 이타카홀딩스(Ithaca Holdings)를 1조 원에 인수했는데, 이 회사는 저스틴 비버(Justin Bieber), 아리아나 그란데(Ariana Grande) 등과 같은 세계적인 아티스트를 매니지먼트하는 기업이다. 이는 곧 두나무와 하이브의 합작 NFT 회사에서 하이브 소속 아티스트인 BTS, 세븐틴, 지코뿐만 아니라 글로벌 아티스트들의 한정판 NFT도 만날 수 있다는 의미이기도 하다.

바이낸스, 하이브-위버스컴퍼니와 손 잡고
시너지 효과를 노리는 YG

YG엔터테인먼트는 글로벌 1위 블록체인 거래소 바이낸스(Binance)와 NFT 사업을 하겠다고 밝혔다. 바이낸스가 플랫폼과 기술 인프라를 제공하고, YG엔터테인먼트는 콘텐츠를 공급하는 형태다. YG엔터테인먼트에는 빅뱅, 블랙핑크, AKMU, 젝스키스 등의 아티스트가 소속되어 있고, YG엔터테인먼트의 자회사 '스튜디오 플렉스'는 드라마 제작, 댄서 양성 등을 하고 있으며, '케이플러스 홀딩스(구, YG케이플러스)'는 모델 양성 및 매니지먼트도 하고 있다. 이렇게 다양한 엔터테인먼트 분야로 사업을 펼치고 있는 만큼 접목 가능한 IP의 영역은 무궁무진할 것으로 보인다.

한편, 위버스컴퍼니와 하이브는 2021년 1월 YG플러스의 지분을 각각 10.23%, 7.67%씩 확보했는데, 이로써 네이버-하이브-YG엔터테인먼트 연합이 형성되는 분위기가 읽힌다. 실제로 위버스컴퍼니의 팬 커뮤니티 플랫폼 위버스에 YG엔터테인먼트 아티스트의 IP가 입점되어 있어 어떤 사업적 시너지가 날지 기대감을 가지고 지켜보는 이들이 많다.

엔터 업계 최초로 NFT 사업을 발표한 JYP

국내 엔터테인먼트 회사 중 가장 먼저 NFT 사업을 천명한 곳은 JYP엔터테인먼트다. 2021년 7월 1일, 두나무는 JYP엔터테인먼트의 최대 주주이자 대표 프로듀서인 박진영 CCO의 보유 지분 2.5%를 인수하며 NFT 사업 관련 업무 제휴를 맺었다. 양사 협력을 통한 NFT 사업을 영위할 신규 법인 설립을 준비한다고 밝히며 JYP엔터테인먼트의 트와이스, 스트레이키즈, ITZY 등 소속 아티스트의 IP를 활용한 디지털 굿즈 개발 의사를 표명한 것이다.*

국내 엔터테인먼트 회사 중 가장 먼저 NFT 사업 계획을 밝힌 배경에는 연예계 대표 NBA 마니아로 손꼽히는 박진영 CCO가 있다. NBA 톱샷의 성공 사례를 눈여겨본 그가 NFT와 아티스트의 IP를 접목해 사업화시킬 계획을 세웠다고 알려졌다. 평소에 관심을 가지고 있던 분야에서 비즈니스와 투자가 이뤄져야 한다는 앞선

---

* 2022년 4월, 양사가 계약 해지를 발표하면서 앞으로 JYP엔터테인먼트는 어떤 플랫폼과 NFT 사업을 이어갈지 기대가 모아지고 있는 상황이다.

교훈을 실현한 대표적인 케이스라 할 수 있겠다.

메타버스를 기반으로 팬덤 확장을 노리는 SM

SM엔터테인먼트는 2022년 2월, 자회사 SM브랜드마케팅을 통해 글로벌 1위 크립토 거래소 바이낸스와 협업을 선언하며 P2C(Play to Create) 플랫폼을 운영할 계획을 밝혔다. 뿐만 아니라 메타버스 플랫폼 더 샌드박스 내의 K-콘텐츠 전문 공간인 'K-버스(K-Verse)'에 'SM타운랜드'를 조성해 콘서트, 팬미팅 등 다양한 이벤트를 열고 이용자들이 IP를 활용해 게임과 NFT 아이템을 만들 수 있는 환경을 만들 수 있게 하겠다고 말했다.

앞서 SM엔터테인먼트의 이수만 프로듀서는 한 컨퍼런스에서* 솔라나 블록체인 기반으로 NFT 사업을 전개할 것을 간접적으로 시사하기도 했다. 블록체인과 NFT, 메타버스에 대한 전방위적인 SM엔터테인먼트의 사업 확장은 IT 기술에 관심이 많은 이수만 프로듀서의 평소 지론과 닿아 있는 부분이다.

---

* 퍼블릭 블록체인 플랫폼 솔라나(Solana) 재단이 2021년 11월 9일 포르투갈 리스본에서 개최한 '브레이크포인트 2021(Breakpoint 2021)' 기조연설 내용이다.

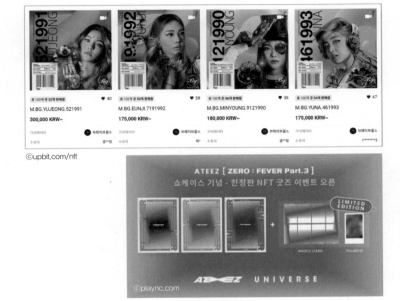

©upbit.com/nft

©plaync.com

(위) 업비트NFT에서 판매된 브레이브걸스 NFT
(아래) 유니버스에서 판매된 에이티즈 NFT

빠르게 움직이는 중소형 기획사의 NFT

2021년 6월 17일 브레이브걸스는 가상 자산 거래소 업비트를 통해 NFT 형식으로 한정판 일러스트를 발행했다. 400개가 발매된 'M.브레이브걸스(M.BRAVE GIRLS)'는 1분도 채 되기 전에 모두 판매되었다. 과거의 음원을 통해 차트를 역주행하며 인기를 얻은 아티스트가, 누구보다 빠르게 NFT 사업화를 실현하고 판매한 사례는 콘텐츠 비즈니스의 묘미를 보여준다.

2021년 7월, 가수 세븐은 NFT 플랫폼 'NFT 매니아(nftmania.io)'를 통해 신곡 '모나리자'를 단 한 사람만 구매할 수 있는 NFT 음원으로 발매했다. 이 NFT는 음원 스트리밍 수익을 얻을 수 있는 제작자의 디지털 권리까지 포함한 것이다.

가수 선미는 클레이튼 마켓의 1위 프로젝트로 등극한 메타콩즈(MetaKongz)와 함께 PFP NFT 프로젝트인 '선미야클럽'을 출시했고, 강다니엘, 에이티즈, 조유리, 에이비식스, 더보이즈는 엔씨소프트의 글로벌 팬덤 플랫폼 '유니버스'를 통해 NFT 굿즈를 판매했다.

의사 결정에 기일이 소요되는 몸집이 큰 회사보다 신속한 의사 결정이 가능한 중소형 기획사는 NFT 트렌드에 발빠르게 올라탔

메타콩즈와 함께한 선미야클럽

다. 대형 기획사가 NFT 플랫폼을 자체적으로 구축하여 비즈니스를 해나가는 방식과는 확연히 다른 전략이다.

사랑과 소속감을 동시에 채워주는 NFT

팬이 좋아하는 아티스트의 NFT를 구입하는 행위는 투자 이상의 의미를 가진다. 먼저 자신이 좋아하는 아티스트에 대한 애정을 가장 적극적으로 표현하는 수단이 된다. 좋아하는 아티스트가 만들어내는 음원과 콘텐츠를 소비하면서 애정을 표현하는 것에서 나아가 아티스트의 NFT를 소유함으로써 더욱 특별하게 아티스트에 대한 관심을 드러낼 수 있는 것이다. 특히 판매와 구매의 로그가 남는 NFT의 특성상 아티스트가 구매자의 존재를 인식할 수도 있기에 직접적인 애정 표현이 될 수 있다.

또 NFT는 팬 사이에서 유대 관계 및 소속감을 드러낼 수 있는 수단이기도 하다. 이는 미국 심리학자 매슬로우(Maslow)가 말한 인간의 5대 욕구 중 3번째 '소속과 애정의 욕구'와 관련지어 생각할 수 있다. 소속과 애정의 욕구는 누군가를 사랑하고 싶은 욕구, 어느 한 곳에 소속되고 싶은 욕구, 친구들과 교제하고 싶은 욕구를 뜻한다. 좋아하는 아티스트의 NFT를 소유하면 PFP를 통해 적극적으로 자신의 아이덴티티를 밝힐 수 있을 뿐만 아니라, 나의 '최애'에게 아낌없이 투자하는 소위 '찐팬'임을 뽐낼 수 있다. 동시에 프라이빗한 행사 참여와 특별한 베네핏도 얻을 수 있다. 어찌 보면 스타가 발행하는 NFT는 소속 커뮤니티 내에서 자신의 위치를 증명하는 수단이 될 수 있는 셈이다.

투자 이익뿐 아니라 자신의 아이덴티티를 증명할 수 있는 역할까지 하는 NFT는 분명 가격 그 이상의 가치를 준다. 이러니 팬이라면 좋아하는 아티스트의 NFT를 사지 않을 이유가 없고, 관련 산업은 계속 발전할 수밖에 없다.

시공간의 제약을 뛰어넘는
NFT

    2019년, 코로나19 바이러스가 퍼지면서 전 세계의 공연, 예술계가 꽁꽁 얼어붙었다. 타인과의 접촉이나 밀폐된 공간에서의 활동을 꺼리게 되면서 아티스트와 팬들이 만날 수 있는 기회는 현저히 줄어들었고, 관련 산업은 급속히 하락세를 걷게 되었다.

    엔터테인먼트 콘텐츠 기업 하이브는 2020년, 자신이 좋아하는 것에 아낌없이 소비하는 '팬더스트리 소비' 규모를 7조 9,000억 원으로 전망했다. 그러나 코로나19로 인해 사실상 오프라인에서 수익을 낼 수 있는 활동은 거의 정지되다시피 했고, 이러한 전망도 빗나가는 듯했다.

    이때 구원투수로 등장한 것이 블록체인 기술이다. 예술계에서는 공연이나 전시회 같이 기존에 일상적으로 이루어지던 활동은 잠시 멈춘 상태지만, 메타버스에서 새로운 형태로 관객과 만나고 토큰과 NFT 등을 통해 팬들의 더욱 활발한 참여를 이끌어내고 있다.

메타버스에 자신만의 아지트를 만든 래퍼 스눕독

미국의 전설적인 래퍼 스눕독(Snoop Dogg)은 단순히 NFT 포토카드, 굿즈를 판매하는 것을 넘어 메타버스 내에서 사용할 수 있는 NFT를 만들었다. 스눕독은 2021년 9월, 메타버스 플랫폼 '더 샌드박스'와 파트너십을 맺고 더 샌드박스 내의 랜드를 인수해 '스눕독 맨션'을 만들었다. 자신이 살고 있는 곳과 꼭 빼닮은 스눕독 맨션에서 그는 NFT 콜렉션 전시, 자신이 디자인한 신발이나 액세서리 소개, 소유하고 있는 자동차 진열, 플레이어와 소통, 콘서트, 프라이빗 팬미팅 등 다양한 활동을 한다. 외부 활동 제약으로 인한 갈증을 메타버스 세계에서 해소하는 것이다.

스눕독은 이곳에서 자신이 주최하는 프라이빗 파티에 참여할 수 있는 프라이빗 파티 패스권 NFT도 1,000개 한정 발매해 유저들로부터 큰 호응을 얻었다.

메타버스 플랫폼 '더 샌드박스'와 협업한
래퍼 스눕독

공연과 NFT의 결합

2022년 2월, 블랙핑크를 글로벌 스타로 만들었던 미국 최대 음악 축제인 코첼라 페스티벌(Coachella Valley Music and Arts Festival, 이하 '코첼라')은 NFT 기술이 적용된 평생 입장권을 판매했다. 미국의 가상 자산 파생상품 거래소인 FTX US와 협업한 이 프로젝트를 통해 '코첼라 키 콜렉션(Coachella Keys Collection)'이라 불리는 NFT를 발행했고, 이 NFT 구매자는 매년 코첼라에 입장할 수 있는 권한을 얻게 되었다.

코첼라는 매해 4월 셋째, 넷째 주 금요일부터 일요일까지 열리는데, 코첼라 키 콜렉션을 가진 사람은 그중 한 주말 동안 자유롭게 입장할 수 있다. 10개만 발행한 NFT 입장권에는 각각 다른 특별한 혜택이 포함되어 있다. 공연을 맨 앞줄에서 관람하거나 행사장에서 유명 셰프의 저녁 식사를 제공받는 것 등이다. 이러한 일회성 혜택뿐 아니라 지속적으로 사용 가능한 NFT라는 장점 덕분에 코첼라 키 콜렉션은 2차 마켓에서도 가치를 충분히 인정받을 것으로 예상된다.

코첼라는 입장권 외에도 실물 코첼라 포토북을 받을 수 있는 NFT 총 1,000개를 180달러(약 21만 원)에, 페스티벌과 관련된 사진과 음악 NFT 1만 개를 개당 60달러(약 7만 2,000원)에 발행했다.

NFT 예술품 경매

이 외에 아트 콜렉션 온라인 경매도 꾸준히 이루어지고 있다. 블록체인 기반의 마켓플레이스를 개발하는 오리진 프로토콜(Origin Protocol)은 2022년 2월, NFT 경매 서비스인 '오리진 NFT 론치패드(Origin-NFT-Launchpad)'를 출시하며 NFT 시장에 진출했다. 기존 예술품 경매 시장과 달리 NFT 아트만 취급한다는 점에서 주목할 만하다.

오리진 NFT 론치패드에서는 DJ KSHMR, 스티브 심슨, 모노레온 등 세계적인 아티스트들과 NFT 경매를 진행했는데, 특히 2022년 3월 진행한 유명 DJ 3LAU(블라우)의 NFT 경매는 낙찰가 11만

7,000달러(약 1억 3,500만 원)을 기록해 화제가 되었다.

코첼라의 NFT 발행 소식은 2년 넘게 수익을 창출하지 못했던 공연 업계에 큰 영감을 주었다. 또 NFT 아트 전용 경매가 등장하여 높은 가격에 작품 판매를 성사시킨 것도 새로운 시장 개척의 좋은 사례로 손꼽힌다. 이렇게 공간의 한계를 뛰어넘은 메타버스와 NFT 기술 활용은 코로나19 사태가 잠잠해진 뒤에도 계속될 것이다. 현재 기업이 처한 환경에 한계를 느끼는 경영자라면 새롭게 부상하는 이 '퍼플오션'을 주목해야 하겠다.

NFT에 미래를 건 사람들

◆◆◆　　새로운 기술이 시장에 출시되면 소수의 서비스에 도입되고, 고객들의 검증을 거쳐 대중에게 익숙해지는 단계를 거친다. 한 해에도 수많은 기술이 이렇게 우리 생활 속에 나타나 세상을 바꿀 정도의 혁신을 가져오기도 하고, 흔적도 없이 사라지기도 한다.

2020년 이후 '가장 뜨거운 혁신'이라 해도 과언이 아닌 NFT 역시 이 과정에 있다. NFT는 개인 투자 트렌드뿐 아니라 창업 트렌드에도 영향을 미치며 우리 삶 깊숙이 들어올 준비를 하고 있다.

이 책을 읽는 당신은 아마 남들보다 빠르게, 더 큰 기회를 잡고 싶은 욕망을 가진 사람일 것이다. 그렇다면 NFT 투자 동향뿐 아니라 NFT 창업 동향도 함께 살피길 권한다. 창업가들이 주목하는 기술과 시장을 보면 앞으로 어떤 시장이 뜰 것인지 예측할 수 있기 때문이다.

NFT로 현실과 가상 세계를 넘나드는
디지털 콘텐츠를 완성하다

_오재헌
딜라이트엑스 창업자, 메타플립 서비스 기획자

대중들은 새로운 기술을 접할 때 의심과 불신의 눈초리를 먼저 보낸다. 그래서 초기 진입자에게는 용기가 필요하다. 지금은 상황이 다르지만 가상 화폐라는 개념도 낯설었던 2018년에 IP를 기반으로 한 팬덤 관련 서비스를 만들기 위해 '딜라이트엑스'를 창업한 오재헌 대표는 남들보다 일찍 NFT 기술에 주목했다.

콘텐츠 산업이 플랫폼 사업자 중심에서 IP 중심으로 재편될 것이라고 판단했던 오 대표는 사업 모델의 변화가 필요하다고 느끼고 있었다. 방법을 고민 중이던 그는 마침 NFT라는 새로운 기술을 접했고, 20년간 실제로 경험했던 한류 콘텐츠 시장과 팬덤 비즈니스에 NFT를 적용하면 새로운 솔루션을 제시할 수 있을 것이라는 강한 확신이 들었다.

특허 출원을 낸 지 4년여 만에 특허 등록이 완료되었고, 2022년 5월 현재 '메타플립' 서비스는 출시를 앞두고 있다. 대중에게는 낯선 새로운 기술을 빠르게 받아들이고 서비스에 적용한 창업가이며 누구보다도 진지하게 NFT가 바꿀 세상을 고민했을 오재헌 대표에게 그동안의 경험과 인사이트를 들어보았다.

출시 예정인 '메타플립' 서비스에 대해 간략히 소개해 주세요.

디지털 콘텐츠 및 다양한 분야 캐릭터의 영상, 이미지 그리고 실물 굿즈, 멤버십 특전 등을 패키지화하여 이를 NFT와 결합하여 디지털 트레이딩 카드의 형태로 발행하는 온·오프라인 융합 '멀티미디어형 NFT 카드' 서비스입니다.

기존의 엔터테인먼트 콘텐츠 서비스는 음반, 영상, 굿즈 등 개별 콘텐츠와 상품을 서비스하는 데 집중해왔습니다. 이런 구조에서 팬덤은 적극적인 소비자 계층일 뿐이었고요. 메타플립은 개별 콘텐츠가 아닌 캐릭터 IP를 기반으로 멀티미디어 서비스를 제공함으로써 캐릭터의 성장과 함께 팬들이 보유한 NFT 카드의 가치를 상승시켜 생산자와 소비자가 함께 성장하는 경험을 제공하고자 합니다.

©delightx.co.kr

메타플립 소개 화면

기존 비즈니스 모델에 NFT 기술을 접목한 배경이 궁금합니다.

창업(2017년) 당시부터 팬덤의 소비와 엔터테이너의 성장을 동기화할 수 있는 방법을 고민했습니다. 하지만 뾰족한 수가 없었죠. 고민을 거듭하던 중 2017년 비트코인 열풍과 함께 등장한 NFT의 개념에 주목했고, 디지털 콘텐츠와 NFT를 결합하여 서비스를 제공하면 저작권 보호와 콘텐츠의 이용 권리를 보장하고 투명한 거래를 할 수 있는 최적의 수단이 될 수 있을 것이라 생각했습니다.

NFT는 미술 분야 외에도 게임 아이템, 스포츠 등 거의 모든 문화 콘텐츠, 나아가 메타버스 영역에도 적용할 수 있겠다는 생각이 들어 확신을 갖고 특허 출원까지 준비했습니다.

NFT 원천 기술과 관련된 두 가지 특허를 등록하셨는데요, 간단히 설명해 주세요.

디지털 콘텐츠 이용 권리 증서를 원하는 수량 만큼 발행하고 유통시키는 방법, 이를 수행하는 서버 및 실행하기 위하여 매체에 저장된 컴퓨터 프로그래밍에 대한 것으로, 디지털 콘텐츠를 NFT로 발행, 유통(거래)하는 개념 전반에 관한 특허입니다.

디지털 콘텐츠와 오프라인 굿즈, 티켓, 특전 등을 하나의 패키지로 구성할 때 해당 패키지에 접근할 수 있도록 가입자 정보와 NFT를 매칭하여 발행하는 방법과 NFT 디지털 카드 거래 시 패키지의 이용 권리를 이전하는 방법, NFT와 연계된 디지털 쿠폰(전자 쿠폰)을 제공하는 인터페이스, 발행된 NFT 디지털 카드를 마치 실제 카드처럼 사용할 수 있게 하는 UX/UI에 대한 특허를 등록했습니다.

메타플립 서비스를 통해 궁극적으로 이루고 싶은 꿈이 있으신가요?

메타버스 시대가 성큼 다가왔지만 온라인 상에만 존재하는 서비스에는 한계가 있습니다. 사용자의 경험이 시공간을 초월하여 가상과 현실에 연동되는, 즉 가상과 현실이 중첩되는 지점을 경험했을 때 진정한 의미의 가상 현실을 경험할 수 있다고 생각합니다. 그래서 가상과 현실이 전환되는 경험을 제공하겠다는 의미로 서비스명을 '메타플립'이라고 지었습니다.

저는 앞으로 온·오프라인을 연계하는 서비스에 그치지 않고 현실의 콘텐츠와 가상의 콘텐츠를 연계하여 현실의 결과가 가상에 반영되고 가상의 결과가 현실에 반영되는, 메타플립만의 메타버스를 구현하고 싶습니다. 또한 이를 위해 메타플립 서비스와 연동되는 디지털 플래그쉽 스토어를 구축해 메타플립이 추구하는 메타버스 생태계를 이루어 많은 이들이 경험할 수 있기를 바랍니다

메타플립 서비스 이후에 확장하고 싶은 분야, 서비스가 있으신가요?

메타플립을 시작으로 단기적으로는 캐릭터 IP 기반의 메타커머스 영역으로 비즈니스를 확장하고자 합니다. 이제는 쇼핑 비즈니스도 팬덤을 바탕으로 한 인플루언서가 커머스 시장을 좌지우지하는 시대로 접어 들었기에 캐릭터 IP 기반의

메타커머스는 문화 콘텐츠 산업과 결합해 가장 큰 시너지를 낼 수 있는 분야가 아닐까 생각됩니다.

NFT 기술을 활용하여 서비스를 만들고자 하는
예비 창업가들에게 조언을 해주신다면?

NFT 기술은 기존 사업 모델과 접목될 때 시너지를 낼 수 있는 분야입니다. 따라서 이미 소개된 NFT 모델을 답습하기보다는 NFT 본연의 가치와 의미를 극대화할 수 있는 실물 서비스를 먼저 고민하신 후 NFT를 활용한다는 개념으로 접근하는 것이 보다 유의미한 사업 모델을 만들 수 있을 것입니다.

2022년 현재 국내 시장은 NFT의 도입기라고 볼 수 있는데요,
NFT를 통해 변화할 미래를 전망해 주신다면?

가상의 디지털 자산 중심의 NFT에서 실물 경제를 기반으로 한 권리 증서의 형태로 발전하지 않을까 합니다. 특히 실물과 가상의 자산을 연결해 주는 기술이라는 관점에서 볼 때 메타버스 형태의 서비스 모델에 NFT의 사업 모델이 융합되

는 방향으로 발전할 것으로 예상합니다. 이와 관련한 형태의
NFT 서비스도 많이 출시될 것으로 보입니다.

전통 산업에 NFT를 결합하여
새로운 시장을 열다

_이동헌
주크박스 창업자

조금 더 나은 세상에 살고 싶은 마음이 모여 창업으로 이어지고, 그렇게 탄생한 스타트업들이 우리의 생활을 바꾸고 있다. 만약 일상 생활 속에서 무언가 큰 문제를 발견했다면, 이는 곧 새로운 비즈니스 아이템을 시작할 수 있는 기회이기도 하다. 다른 사람들의 문제를 해결하려고 노력하는 과정에는, 언제나 기회가 함께 있기 때문이다.

주류 IP 플랫폼인 주크박스(주)를 창업한 이동헌 대표는 카이스트에서 생명화학공학을 공부했다. 그에게는 20대 초반부터 해결하고 싶은 문제가 있었다. '전국에 20여 개 이상의 우수한 전통주 양조장이 있는데, 이 무형 자산이 확장되지 못하고 오히려 운영이 중단되는 이유는 무엇일까?' 그것은 전통주 업계의 오래된 고민과도 일치하는 것이었다. 몇 년이 지나도 전통주 업계의 상황이 나아지지 않자, 이 대표는 직접 문제를 해결하기로 했다. 대학교 동기, 그리고 국내 최고의 위스키 마스터블렌더 이종기 명인이 이 대표의 미션에 공감하여 합류했다. 새로운 길에 도전하는 그들에게 NFT는 해결책과 가능성을 동시에 주는 '혁신'이었다.

주크박스의 행보를 통해 유통과 NFT 기술이 만나 어떤 변화를 일으키고 있는지 알아보았다. 이는 아직 세상에 알려지지 않은 좋은 NFT 투자처를 찾는 투자자들에게도 꽤 유익한 일일 것이다.

2022년 3월 주크박스가 발행한 전통주 NFT '고운달 마스터블렌더스 에디션'
©주크박스

**전통주 산업에 NFT를 결합하셨는데, 언제, 어떤 계기로
블록체인과 NFT를 접하게 되셨나요?**

전통주 산업에 대해 많이 관심을 갖고 있었어요. 그리고 세계적으로 K-pop과 K-콘텐츠가 대중들의 인기를 얻고 있는 시대에 왜 우리나라의 술은 세계 시장에서 인정받고 있지 못할까에 대해 생각하게 되었습니다. 우리나라 사람들이 와인에 많은 관심을 갖고 있는 것처럼 K-Liquor도 도약할 시기가 올 것이라 생각했습니다.

그러다가 블록체인과 가상 화폐, 메타버스, NFT 기술과 시장이 커지는 것을 느꼈습니다. 지역 특산주 산업은 자본을 확보하고 새로운 마케팅을 시도하는 데에 어려움이 있었는데요, 블록체인, NFT 기술이 주류 산업에 적용되면 시너지가 나지 않을까 생각하게 되었어요.

**NFT 기술을 접목한 배경이 궁금합니다.
이전에는 불가능했지만 NFT를 통해 가능해진 것이 있나요?**

저희는 NFT 프로젝트를 통해 전통주 업계의 사업 모델 자체를 바꾸려 하고 있습니다. 소비자는 단순히 마트에 진열된 술을 구매해서 마시는 역할만 하는 것이 아니라, 술이 만들

어지는 과정부터 함께 즐기고, 술과 함께 사람을 만나고, 술과 관련한 콘텐츠, 이야기에 동참하는 경험을 NFT를 통해 만들고 있습니다. 주크박스의 NFT 프로젝트를 통해 '한국의 술을 바라보는 사람들의 관점'이 달라지길 희망합니다.

주크박스 서비스가 활성화되면 전통주 시장에는 어떤 영향을 미치게 될까요?

전통주가 제조업이 아니라 콘텐츠 산업으로 바뀔 것이라고 생각합니다. 그리고 10년 전 본격적으로 K-pop이 세계 시장에서 대중에게 인정받기 시작했던 것처럼, 우리나라의 술도 세계 시장에서 대중에게 인정받게 될 것입니다. 이제 K-pop은 단순히 음악 산업이 아닙니다. 문화 산업이고 마케팅 산업입니다. 한국의 술도 그렇게 될 수 있다고 생각합니다.

올해 첫 번째 프로젝트를 문경 오미나라 '고운달' IP로 진행하셨는데, 협업하는 과정에서 가장 힘들었거나, 기억에 남는 순간이 있다면 공유해 주세요.

전통 산업에 종사하시는 분들에게 NFT에 대해 이해시키고 저희의 취지와 진정성을 설득하는 것이 가장 어려웠습니다. 우리나라를 대표하는 전통주 명인들은 인생과 혼을 담아 술을 빚으십니다. 그래서 그분들의 콘텐츠를 사용할 때는 남다른 책임감이 필요하죠. 결국 NFT라는 새로운 디지털 도구보다 중요한 것은 진심과 사명감, 그리고 신뢰인 것 같습니다. 투자자 여러분도 NFT 프로젝트의 지속성과 가능성을 판단하실 때, 발행자의 진심을 눈여겨보시면 좋겠습니다.

NFT 홀더들의 의견을 반영하는 DAO개념을 적용하고 계신데, 실제로 운영이 잘 되는지 궁금합니다.

DAO는 모두의 의견을 수렴하고 기준과 규칙에 따라 조직과 프로젝트를 운영하는 방법이지요. 저희는 프로젝트의 단계별 진행에 최대한 홀더들의 의견을 수렴하는 DAO의 방식을 적용하고 있습니다. 어려운 의사 결정 방식이지만 다행히 현재까지는 잘 운영되고 있다고 생각합니다.

조직원 전체에게 정보와 상황을 투명하게 공개하고 합리적인 의사 결정을 이끌어 낸다는 것이 NFT를 떠나서 새로운 도전이고 보람입니다. 저희 사업은 새로운 디지털 도구인 NFT를 사용하고, 소외되었던 지역 산업인 지역 특산주 영역을 다루면서, 아직 초기 개념인 DAO의 개념으로 조직을 운영하는, 전반에 걸쳐 매우 도전적인 일을 하고 있습니다.

다양한 채널을 구축하여 고객들과 소통하며 깨달은 점이 있나요?
운영하는 채널 중에 가장 활성화된 채널을 소개해 주세요.

저희의 주요 소통 채널은 '디스코드'입니다. 디스코드는 예전에는 게임 유저들 중심으로 사용되었는데, 현재 NFT 커뮤니티로 많이 사용됩니다. 정말 다양한 분들이 많이 들어오세요. 모두가 익명으로 활동하다 보니 오프라인이나 카카오톡 등으로 소통하는 방식과는 좀 차이를 느껴요. 정보 소통은 사실 참여자들이 모두 합리적이고 투명할 때 가장 효과적으로 작동할 수 있어요. 하지만 아직 그런 부분이 어려운 것 같습니다.

국내 시장에서 NFT는 아직 도입기라고 볼 수 있는데요, 앞으로 NFT를
통해 변화할 미래, NFT의 전망에 대하여 어떻게 생각하시나요?

사실 주변에서 "NFT 시장은 아직 혼란스럽지 않느냐." 등의 우려를 많이 하십니다. 주크박스가 발행한 첫 NFT는 1억 원

대의 매출이 발생했습니다. 어떻게 보면 크기도 하고, 어떻게 보면 작기도 한 규모입니다. 그러나 저희는 장기적으로 NFT, 블록체인은 인터넷과 같은 개념이 될 것이라 생각하며 나아가고 있습니다.

보편화되는 과정에서 다양한 시도가 있을 것이고, 성공과 실패도 있을 것입니다. 빈부의 편차도 생기겠죠. 그래서 먼저 도전하는 사람에게 기회가 있다고 생각합니다.

비즈니스를 하시면서 NFT 시장에 대해
얻은 통찰이 있다면 공유해 주세요.

2022년 NFT 시장은 '잠시 머뭇거리는 시기'라고 생각합니다. 2021년에는 NFT라고 하면 묻지도 따지지도 않고 자금이 몰렸습니다. NFT 산업에 뛰어들어 보니 이 시장이 어떤 구조로 운영되고 있는지 이해할 수 있었습니다.

국내 NFT 시장은 단기적 성과 중심의 구조로 되어 있습니다. 글로벌 시장에 비해 아직 시장이 작고 산업 규모로 인해 적용할 영역의 한계가 있기 때문이 아닐까 싶어요. 이런 상황에서 기회를 찾는 것이 우리가 할 일이라고 생각합니다.

NFT가 여는 기회,
어떻게 잡을 것인가?

_윤수목
오픈다오 멀티시그 서명자(OpenDAO Multi-Sig signer), 유튜브 채널 '생존투자 윤수목' 크리에이터,
前 삼성자산운용 펀드매니저

3월 말은 기업들의 주주총회가 몰리는, 일명 '주총 시즌'입니다. 2022년 주총 시즌의 화두 중 하나는 상장 기업들의 공통적인 사업 목적 추가 러시였습니다. 그 대상은 바로 'NFT 관련 사업'이었습니다. 무려 30여 개의 상장 기업이 NFT 관련 사업에 진출하겠다고 출사표를 던졌습니다. 왜 이렇게 다들 NFT로 몰려드는 걸까요?

그 답은 이미 사업을 하고 있는 NFT 관련 기업들에게 있을 것 같습니다. NFT 마켓플레이스 중 가장 높은 점유율을 차지하고 있는 오픈시(opensea.io)는 2020년 까지만 해도 대중에게 전혀 회자되지

않던 기업이었습니다. 매출 수준도 미미했습니다. 그러나 2021년, NFT 붐을 타고 2020년 대비 NFT 거래량이 646배로 급증하였고, 그 수준은 140억 달러(약 17조 원)에 이르렀습니다. 2년 전까지만 해도 들어본 적도 없던 기업이었지만, 2021년 말에는 130억 달러(약 15조 원) 기업 가치 평가를 받으며 투자를 유치했고 이제 너무나 유명한 기업이 되었습니다.

더 놀라운 사실은 최근에 유출된 한 기업의 IR Deck(투자 유치를 위해 만든 회사 소개서)에 담겨 있었습니다.

유가랩스(Yuga labs)는 대표적인 NFT 프로젝트인 '지루한 원숭이들의 요트 클럽(BAYC: Bored Ape Yacht Club)'을 만들어서 판매하고 관리하는 기업입니다. 지난 2022년 3월 이 회사의 첫 투자 유치 과정에서 유출된 자료에 따르면 2021년 4월에 창업한 이 기업의 2021년 8개월간 매출은 1억 3,800만 달러(약 1,560억 원)였습니다. 더 놀라운 사실은 영업 이익률이 95%를 넘는다는 점입니다. '이 정도로 놀라운 매출과 수익을 얻을 수 있는 사업이기에 기업들이 그렇게들 몰려들었구나.'라는 생각을 하게 됩니다.

그럼 그 유명한 원숭이 그림 NFT를 산 사람은 어떻게 되었을까요? 2021년 4월 28일 0.08이더리움(약 30만 원)에 판매된 이 NFT의 소유자는 놀랍게도 2022년 3월 말 현재 70만 달러(약 8억 7,000만 원)에 육박하는 부를 얻었습니다.

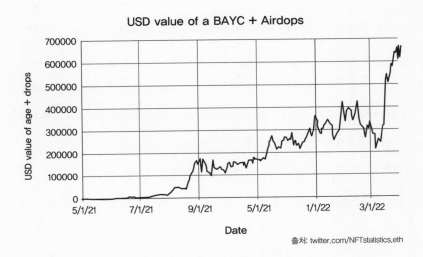

USD value of a BAYC + Airdops

출처: twitter.com/NFTstatistics.eth

그래프가 보이시나요? 눈이 휘둥그레질 정도입니다. 1년도 안 되는 짧은 기간에 백만 원도 안 되는 소액을 투자해서 3,000배에 가까운 수익을 얻을 수가 있나요? 네, 실제로 일어난 일입니다. 물론, BAYC NFT 하나만의 가치가 이렇게 커진 것은 아니고, 원숭이 그림을 가지고 있는 사람에게 제공된 에어드롭(토큰 무상 제공 행사)을 통해 받은 NFT와 토큰의 가치를 포함한 것입니다. 이와 같은 사례가 BAYC의 1만 개 원숭이들에게만 일어났을까요? 아닙니다. 아티팩트(RTFKT)가 유사한 방식으로 추진했던 클론X(CLONE X) 프로젝트도 동기간에 유사한 수준의 성과를 얻었습니다.

물론 다수의 NFT 프로젝트들은 잠시 관심을 받았다가 가격 폭

락의 길을 가는 것 또한 사실입니다. 그래서 투자를 시작하기 전에는 공부를 하고, 신중을 기해야 합니다.

관련된 사업을 하는 기업과 일반 투자자들 모두에게 놀라운 수익성을 보여주는 NFT. 투자에 관심 있는 많은 이들의 이목이 집중되어 있는 만큼 투자 전에 신중하게 검토할 사항들이 있습니다. 이 책의 독자들을 위해 투자 관점에서 고려할 점들을 몇 가지 말씀드리겠습니다.

첫째, 단독으로 발행된 NFT보다는 하나의 묶음(Collection)으로 발행된 'NFT 프로젝트'를 투자 대상으로 삼으세요.

NFT는 Non-Fungible Token으로 블록체인 상에서 발행되는 토큰 중 비트코인, 이더리움과 같이 상호 대체 가능한 토큰이 아닌, 유니크한 모든 토큰을 총칭하는 광범위한 표현입니다. '유니크하다'는 것은 희소성의 관점에서는 큰 장점이지만, 유동성의 관점에서는 부정적인 특성입니다.

그래서 투자를 할 때는 온전히 유니크하게 발행된 NFT보다는 적게는 1,000개에서 많게는 3만 개 가량으로 하나의 묶음으로 발행된 'NFT 프로젝트'를 우선으로 하는 것이 좋습니다. 이렇게 발행된 NFT들은 유사 대체성을 갖게 되어 유동성이 확보됩니다. 물론 거래 내역을 직접 확인하여 지속적으로 거래되고 있는 NFT를 대상으로 삼는 것은 기본입니다.

둘째, 프로젝트 팀의 비즈니스 역량을 점검하세요.

투자 대상 NFT는 디지털 아트로서의 예술성이 중요한 고려 대상이 될 수 있습니다. 하지만 그것은 성공적인 NFT가 갖춘 하나의 요소일 뿐입니다. 앞서 소개한 BAYC를 비롯한 '클론X(CLONE X-X TAKASHI MURAKAMI)', '아주키(AZUKI)'와 같은 성공적인 NFT 프로젝트들 뒤에는 유가랩스, 아티팩트, 치루랩스(Chiru Labs)와 같은 문화, 기술에 대해 해박하면서도 사업적 역량이 뛰어난 회사들이 있습니다. 저명한 NFT 콜렉터 스티브 카진스키(Steve Kaczynski)와 스캇 듀크(Scott Duke Kominers) 교수는 〈하버드 비즈니스 리뷰〉에서 성공적인 NFT 프로젝트들이 가진 공통적 역량에 대

©boredapeyachtclub.com

©RTFKT

©azuki.com

왼쪽부터 BAYC, CLONE X – X TAKASHI MURAKAMI, AZUKI

해 분석했습니다.

그들은 "성공적인 NFT 프로젝트들은 NFT 기술 자체를 의미 있게 사용하고, 사용자 커뮤니티를 활용하고, 지속적인 커뮤니티 참여를 유지시키기 위해 프로젝트를 지속적으로 실행해 나가는 것에 대한 자신감을 보여주며, 새로운 사용자들이 NFT 프로젝트에 접근할 수 있도록 만들어 준다."고 주장했습니다. 이는 예술적 특성이라기보다는 비즈니스 역량에 가깝습니다. 성공적인 NFT 투자를 원한다면, 이러한 비즈니스 역량을 갖춘 팀이 리드하고 있는 NFT 프로젝트인지 확인하는 것이 좋습니다.

셋째, 분산 투자하세요.

NFT 자체가 갖춘 예술적 가치와 해당 프로젝트를 리드하는 팀의 비즈니스 역량을 사전에 분별해내는 일은 쉽지 않을 것입니다. 이에 대한 노력은 기울이되, 투자의 관점에서는 여러 NFT 프로젝트에 분산 투자하는 것이 리스크를 줄이고 보다 합리적인 기대 수익을 만들어내는 방법입니다.

마지막으로, 아무리 강조해도 부족하지 않은 것은 보안(Cyber security)입니다.

저는 NFT 투자에 임하는 과정에서 수도 없이 많은 성공 사례를 보았습니다. 그러나 그와 동시에 수도 없이 많은 보안 사고를 보고, 듣고, 직접 경험하기도 하였습니다. 사용하는 PC 자체의 보안을 포함하여 여러 가지 링크에 접속하는 과정에서 피싱(Phishing) 주의, 메타마스크 등의 탈중앙화 지갑의 시드구문 관리 등 신경 써야 될 보안 사항들이 많습니다.

현재의 NFT 시장은 거품 논란이 있음에도, 아직은 초기 단계로 보입니다. 왜냐하면 우리가 지금 경험하고 있는 디지털 세상의 아주 일부만이 NFT 형태로 존재하기 때문입니다. 그런 면에서 NFT 투자자들에게는 많은 기회가 있습니다. 열린 마음과 지적 호기심, 그리고 냉철한 분석력과 위험 관리 능력이 결합된다면, 격랑 같은 웹 3.0 시대 안에서 놀라운 기회를 잡을 수 있을 것입니다.

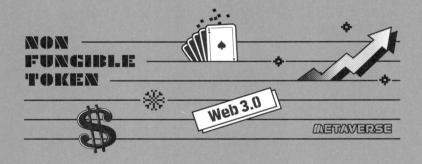

◆ ◆ ◆　　1부에서 NFT 기술을 비즈니스적으로 다양하게 풀어나가는 모습, 투자처로서 NFT의 가능성을 살펴보았다면 이제는 실제 투자를 시작하기 위한 지식을 습득할 차례다.

2부는 NFT를 처음 접하는 사람도 투자를 시작할 수 있도록 돕는, 친절한 NFT 투자 가이드다. 가치가 오르는 NFT의 조건, 전자지갑 만들기, 투자 플랫폼 선택하기, 사고팔기, 투자 전망과 유의할 점까지 폭 넓게 다루고 있으므로, NFT라는 새로운 기술에 투자하여 돈을 벌고 싶은 니즈가 있는 이들이 실질적인 도움을 얻을 수 있다.

지금 바로 시작하는 NFT 투자

3 가치가 오르는 NFT의 공통점 5가지

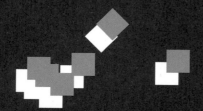

좋은 NFT의 조건 1. 희소성

평범한 돌멩이 그림이 20억 가치를 인정받은 이유

도쿄 오모테산도 힐즈 쇼핑가에 스타일리시해 보이는 20대들이 길게 줄을 서 있다. 한 시간이 지났는데도 누구 하나 불평하는 사람은 보이지 않는다. 오히려 잔뜩 기대하는 표정이다. '이 소중한 토요일 오후, 무엇을 기다리는 걸까?' 궁금해서 줄을 따라가 본다. 수많은 사람들의 시간을 빼앗으면서도 기다리는 이들에게 행복감을 주는 그곳은, 한정판 제품을 출시하는 패션 브랜드로 유명한 '슈프림(Supreme)' 매장이었다.

슈프림은 마케팅 광고를 거의 하지 않는 브랜드다. 그럼에도 불구하고 스트리트 브랜드 중 돈이 있어도 구하기 어려운 명품이라는 이미지를 구축하게 되었다. 이는 창업자 제임스 제비아(James Jebbia)의 남다른 경영 철학의 영향이 크다. 제비아는 뉴욕에서 스투시(Stussy)라는 스트리트 브랜드 매니저로 일하면서 제품의 수요가 늘어나 공급을 늘리면, 오히려 순이익이 낮아지는 법칙을 발견하게 되었다고 한다. 이후 슈프림을 창업했고, 모든 제품을 소량 발매하되 아티스트와의 협업을 통해 다른 브랜드에서는 구하기 힘든 제품을 출시했다. 리미티드 에디션은 슈프림의 가치를 높이게 되었고, 소비자들에게 '쉽게 구할 수 없는 제품'이라는 인식을 심어 주었다. 슈프림은 글로벌 시장으로 진출한 이후에도 전 세계에 14개의 매장만을 운영하고 있다. 따라서 해외여행을 갔을 때도 슈프림 매장을 발견하면 바쁜 스케줄을 쪼개서라도 들어가서 사야 하는 것이다.

대체 불가능한 것은 가치가 높아진다

NFT의 가장 큰 가치는 '대체 불가능하다'는 데 있다. 대체 불가능하다는 것은 곧 '희소하다'는 의미이기도 하다. 희소성이란 어떤 것을 원하는 사람들의 욕구를 모두 만족시킬 만큼 자원이 충분히 있지 않다는 것을 뜻한다. 공급이 적고 수요가 많을수록 높은 가격이 형성된다는 '수요와 공급 모형' 개념과도 맞닿아 있다. 희소성의 원칙, 수요와 공급 원칙은 미술 경매 시장에서 가장 뚜렷하게 나타

난다.

　2021년에 타계한 김창열 화백이 1977년에 그린 〈물방울〉이라는 작품은 2021년 서울옥션의 경매에서 10억 원 이상의 가격에 낙찰되었다. 경매 시작가는 4억 8,000만 원이었는데, 이 그림을 사고 싶어 했던 응찰자들의 경합 끝에 2배 이상의 가격에 팔린 것이다. 경매에서 낙찰받지 못하면, 낙찰자가 되팔지 않는 이상 이 그림을 소유할 수 없다. 낙찰자가 마음이 바뀌어 되판다고 할지라도 지금보다 더 높은 가격에 그림을 내놓을 것이다. 이런 심리적인 이유로 2배 이상의 고가에 낙찰되는 결과를 가져왔을 것이다.

　비록 10억 원을 지불하고 이 그림을 낙찰받은 소유주는 아니지

45
김창열 1929~2021
물방울
Waterdrops

1977
oil on hemp cloth
161.5X115.7cm
©서울옥션

서울옥션 웹사이트에서 볼 수 있는 김창열의 작품 〈물방울(1977)〉

만, 온라인 상에서 무료로 작품을 감상할 수는 있다.* 디지털 파일은 돈 한 푼 들이지 않고 작품을 무한대로 복사하고, 온라인 상에서 공유할 수 있기 때문이다. 이런 온라인 환경의 특성 때문에 그동안은 디지털 작품에 대한 거래가 이루어지기 어려웠다.

디지털 작품도 희소성을 가질 수 있을까?

NFT의 등장을 혁신적이라 평가하는 이유는 이 기술로 인해 디지털 원본의 '소유권'을 증명할 수 있게 되었기 때문이다.

NFT 덕분에 디지털 파일은 비로소 희소성의 가치를 가지게 되었다. 디지털 세상에서 NFT로 존재하는 디지털 파일은 여전히 공유될 수 있다. 하지만 블록체인 상의 기록으로 그 디지털 파일 원본의 소유권을 증명할 수 있게 되었고, NFT에 연결된 디지털 파일은 단 한 개라는 것을 누구나 알 수 있게 되었다. 이렇게 세상에 단 한 개 뿐인 디지털 파일이 탄생했고, 동시에 이것을 소유하고 싶은 욕망도 만들어졌다. 작품의 가치가 상승함에 따라 경제적인 이익을 독점할 수 있는 사람은 단 한 명, 블록체인에 이름이 새겨져 있는 작품의 소유주다.

---

* 물론 저작권을 가진 작가가 온라인 게시에 동의해야 한다. 작품 사본을 온라인에 게시하는 행위를 비롯해 무한대로 복사하고 공유하는 행위는 저작권자의 허락이 필수이다.

희소성 있고 투자 가치 높은 작품을
큐레이션해 주는 플랫폼

그러면 가치를 어떻게 판단할 수 있을까? 많은 이들이 좋아하기 전에, 많은 관심을 받을 것으로 예상되는 작품을 구입해서 소유하는 것이 투자의 중요한 포인트인데, 일반인들은 이런 안목을 갖추기가 쉽지 않다.

'슈퍼레어(SuperRare)'는 2018년 4월 설립된 이더리움 기반의 NFT 아트 플랫폼으로, 최근 미술 시장에서 가장 큰 거래액을 기록하고 있는 곳이다. '최고로 희귀하다'는 이름에 걸맞게 슈퍼레어는

SuperRare

TOP ARTIST	TOTAL SALES ↓F	WORKS CREATED	WORKS SOLD	HIGHEST SALE
@mrmisang	$2,117,864	13	12	$504,868
@bottoproject	$2,038,361	23	23	$430,230
@coldie	$1,771,405	117	109	$779,149
@hackatao	$1,480,830	134	125	$384,863

©Superrare.com

슈퍼레어 플랫폼에서 볼 수 있는 다양한 아티스트

심사를 통과한 아티스트만 사이트에서 NFT를 발행할 수 있는 큐레이팅 시스템을 운영 전략으로 한다. 진입이 까다로운 만큼 콜렉터들의 관심이 크고, 고가에 거래된다. 슈퍼레어 홈페이지에 따르면 이들 업체의 아티스트는 설립 첫 해에 8,000달러(약 960만 원)의 월 평균 매출을 올렸다. 이후 업계의 관심을 받으며 2022년에는 월 평균 매출이 2,500만 달러(약 300억 원)로 급증했다. 슈퍼레어는 아티스트들이 판매와 시장 로열티를 통해 지금까지 3,000만 달러(약 360억 원) 이상의 수익을 거뒀다고 밝혔다.

국내 디지털아트 작가인 '미스터미상(Mr. Misang)'의 작품은 미스터미상 홈페이지(mrmisang.com)에서도 볼 수 있지만, 슈퍼레어를 통해 투자 가능성을 인정받을 수 있었다. 슈퍼레어 플랫폼에 입성한

미스터미상 작가의 작품 〈오드 드림〉

최초의 한국 국적의 NFT 아티스트인 미스터미상은 〈#08. Packed subway〉라는 작품을 120이더리움(약 3억 원)에 판매하며 주목을 받았고, 여기에서 힘을 얻어 특별 한정판 NFT 영상과 캐릭터 작품을 꾸준히 선보이고 있다.

20억 원짜리 돌멩이, 이더락(Ether Rock)

세상에 유일무이한, 단 하나뿐인 돌멩이가 존재한다고 가정해보자. 이 돌멩이는 다이아몬드로 변신할 수 있는 특별한 돌멩이다. 시시각각 변하기에 설명하기는 어렵지만 구하기 힘들다는 점에서 귀한 물건임에 틀림없다. 하지만 이 특별한 돌멩이의 소유자는 다른 이들에게 자신의 소장품을 알릴 방법을 찾지 못했다. 특별한 아이템이었으나, 잘 알려지지 않았기에 시장 가격이 형성될 수 없다. 이 돌멩이의 가치가 올라가기 위해서는 이 돌멩이를 원하는 사람들, 즉 수요가 뒷받침되어야 한다. 아무리 공급이 적은 제품이라도 수요가 없다면 시장에서 가치를 매기기는 어려울 것이다.

나 혼자만 아는 작품을 소유하는 것은 자기만족 그 이상의 가치를 가지기는 어렵다. 투자 가치를 가지려면 널리 알려지고, 그래서 많은 사람들이 가지고 싶어 해야 한다. 그런 측면에서 NFT 아이템은 상대적으로 몸값을 올리기 쉬운 조건에 있다. 공유하기 쉽고,

현재 약 20억 원에 거래되고 있는 이더락

시간과 공간의 제약 없이 전시할 수 있고, 스토리를 널리 퍼트리기도 유리하기 때문이다.

2021년, 클립아트(문서 등에 복사해 쓸 수 있도록 저장된 그림 파일)로 그린 돌덩이 그림이 15억 원이 넘는 금액에 팔려 화제가 되었던 적이 있다. 이 돌덩이 그림은 '이더락(Ether Rock)'이라는 이더리움 블록체인의 첫 번째 수집형 NFT 시각물이다.

홈페이지에 따르면 이더락은 사고파는 것 외에는 아무런 용도가 없다. 그러나 발행자들은 '전 세계에 단 100개밖에 없는 돌멩이 중 하나를 소유하고 있다는 자부심을 느낄 수 있다.'고 당당하게 이

상품을 소개한다. 평범해 보이는 돌멩이 그림에 '이더리움을 통해 발행한 최초의 상품'이라는 특별한 스토리와 '100개 한정'이라는 희소성을 엮었더니 누구나 가지고 싶어 하는 것이 되었다.

'희소성'은 모든 상품의 가격을 결정하는 요인이기도 하지만 NFT 아트 투자에서는 특히 더 중요한 요소이다. 완전히 새로운 방식의 예술 활동을 일반인들이 이해하고, 가치 상승 폭까지 예측하는 안목을 갖추기는 쉽지 않으므로, 시행착오를 줄이기 위해 앞서 소개한 사례와 플랫폼들을 참고하면 좋겠다.

좋은 NFT의 조건 2. 정체성

나를 대변할 수 있는 아주 매력적인 것

내가 그의 이름을 불러주기 전에는

그는 다만

하나의 몸짓에 지나지 않았다.

내가 그의 이름을 불러주었을 때

그는 나에게로 와서

꽃이 되었다.

내가 그의 이름을 불러준 것처럼

나의 이 빛깔과 향기에 알맞는

누가 나의 이름을 불러다오.
그에게로 가서 나도
그의 꽃이 되고 싶다.

우리들은 모두
무엇이 되고 싶다.
너는 나에게 나는 너에게
잊혀지지 않는 하나의 눈짓이 되고 싶다.

많은 이들의 마음을 설레게 한 시, 김춘수의 〈꽃〉이다. 이 시에서 '이름 부르기'는 사물의 존재를 인식하는 행위, 의미를 부여함을 의미한다.

이전에도 온라인 상에는 수많은 아이템, 아바타가 존재했지만, 정체성이 부여되기 전까지는 가치를 책정하기 어려우므로 거래가 이루어질 수 없었다. 김춘수의 〈꽃〉에서 '이름을 불러준다'는 행위는 디지털 세상에서 '소유권을 증명하고 정체성을 부여'한다는 측면에서 NFT에 비유할 수 있다.

NFT가 투명하게, 신뢰할 수 있는 환경에서 정체성을 부여해 주기 때문에 디지털 경제 활동이 가능해졌다. 크리에이터들이 디지털 세상에서의 창작 활동을 통해 새로운 일거리를 창출할 수 있는 환경이 구현되었기에, 더욱 더 다채로운 콘텐츠들이 생산되고 있다.

현실과 상호작용하는 가상 세계, 메타버스

지금까지 우리가 경험했던 온라인 세상은 인터넷에 접속해서 정보를 얻거나, SNS에서 지인들과 연결되거나, 유튜브에서 관심 있는 주제의 동영상을 보고, 크리에이터들과 소통하는 정도였다. 그러나 메타버스(Metaverse)의 등장으로 온라인 경험이 확장되고 있다.

메타버스를 통해 인간은 활동 영역을 무한히 확장할 수 있게 되었다. 오프라인에서 불가능했던 인플루언서와의 소통이 가능해지고, 해외여행을 가지 못하는 한계를 벗어나 유럽의 어느 도시를 여행할 수 있다. 나를 대신하는 캐릭터(아바타)가 현실 세계를 반영한 메타버스에서 제약 없이 내가 원하는 대로 움직인다. 때로는 현실에서 이루지 못한 꿈도 이룬다.

메타버스 속의 아바타는 현실의 나와 연결되기에 아바타에 투자하는 것을 아깝다 생각하지 않는다. 마음에 드는 패션 아이템을 사고, 좋은 물건은 온라인 세계의 친구들에게 선물한다. 좋아하는 아티스트의 팬미팅에 참여하기 위해 티켓도 구입한다. 이렇게 현실에서 나를 표현하기 위한 소비를 하듯, 온라인 세계에서도 나의 정체성을 드러내는 소비를 한다.

좋아하는 아티스트를 통해 나를 표현하고, 수익도 얻는다
선미야 NFT

누구에게나 좋아하는 연예인 한두 명은 있을 것이다. 1990년대 웹 1.0 시대는 일방향적인 소통이 이루어지던 시대였다. 좋아하는 연예인의 포스터를 사서 잘 보이는 곳에 붙여두고, 자기 전에 음악을 듣고 하는 정도의 팬 활동이 이루어졌다. 웹 2.0 시대인 2000년대에는 좋아하는 연예인의 SNS를 팔로우하고 댓글을 통해 소통했다. 메타버스와 함께 빠르게 다가온 웹 3.0 시대에는 가상 공간에서 좋아하는 연예인과 얼음땡 게임을 하고, 운동회를 개최해 한 편이 되어 줄다리기도 한다. 여기에 더해 좋아하는 연예인에게 자본을 투자하고, 얻은 수익을 나눌 수도 있다.

FSN의 자회사 '핑거랩스'에서 기획하여 발행한 선미야 NFT는 가수 선미가 직접 착용했던 의상과 아이템 1만 개를 PFP 형태로 발행했다. 선미의 히트곡인 '가시나', '보랏빛 밤' 같은 노래와 연관된 NFT는 수가 적어 '희귀한 아이템'으로 통한다.

선미야 NFT 역시 보통의 팬덤 타깃 NFT처럼 팬 사인회, PFP 전시회, 온오프라인 미니 콘서트 초대, 메타버스 내 선미야클럽 입장 등 홀더들만을 위한 이벤트를 열었다. 여기에 PFP 형태로 발행된 만큼 NFT 홀더가 되면 인증 과정을 거쳐 자신의 SNS에 선미야 NFT를 프로필 이미지로 설정할 수 있게 했다. 선미의 팬이라면 자

선미야 NFT 콜렉션

신의 정체성을 명확히 드러낼 수 있는 기회이고, 뮤지션이면서 패
셔니스타이기도 한 선미의 패션 아이템을 통해 나의 미적 감각을
뽐낼 수도 있다.

흥미로운 것은 선미야 NFT의 발행처인 핑거랩스가 홀더들이
더 큰 이익을 얻을 수 있도록 적극적인 광고, 홍보 활동을 펼치는
모습이다. 2022년 3월, 뉴욕 타임스퀘어 미디어 광장에는 선미야클
럽의 NFT 아트가 송출되었다. 선미야 NFT 완판을 기념하는 광고
였는데, 이런 활동으로 인해 NFT의 가치는 더욱 올라갔고, 홀더들
은 이익을 얻을 수 있었다.

예전에는 이렇게 고가의 광고를 통해 수익을 가져가는 주체가

©sunmiya.club

뉴욕 타임스퀘어 미디어광장에서 볼 수 있는 선미야 광고

아티스트의 소속사나 협찬을 한 대기업이었다. 그러나 이제는 다르다. 누구나 아티스트의 NFT 홀더가 되어 광고를 통한 인지도 상승, 그리고 이를 통한 가격과 가치의 상승 효과를 함께 누릴 수 있다.

진짜 '나'를 더 잘 표현해 줄 수 있는 아이템인가?

메타버스에서 나의 정체성을 드러내는 데에 활용할 수 있는가, 아바타와 연동하여 타인과 소통할 수 있는가 여부가 NFT의 가치를 매길 때 중요한 역할을 한다.

PFP 기능이 탑재된 NFT는 내가 좋아하는 것, 관심사를 온라인 세상에서 드러낼 수 있게 한다. 그러면 자연히 공통의 관심사가 있는 사람들과 만날 기회가 생긴다.

아바타도 마찬가지다. 현실과 달리 디지털 세상에서는 표현의 제약이 거의 없기에, 메타버스의 아바타는 나의 취향과 가치관이 더욱 뚜렷하게 표현된다. 실재하는 나보다 '더 진짜 같은 나'가 만들어지는 것이다.

진짜 나를 더 잘 표현해 줄 수 있는가? 공감대를 형성할 수 있는 타인들과 소통할 수 있는가? NFT를 통해 수익을 창출할 수 있는가? 이 세 가지에 포함된다면 더 많은 이들 사이에서 회자될 것이므로 가치가 올라갈 가능성이 높다.

좋은 NFT의 조건 3. 신뢰성

투명하게 관리되느냐가 투자의 제1조건

생애 첫 전세 자금 대출을 받던 때의 일이다. 믿을 수 있는 제1 금융권을 통해 대출을 받는 것이 안전할 것이라는 막연한 기대와 믿음으로 아파트 전세 가격의 60%를 신청했다. 생각보다 나에 대한 신뢰도가 낮았던 것인지, 은행에서 이루어지는 오프라인 심사는 꽤 까다로웠다. 재직증명서를 제출했음에도 불구하고 실제로 내가 다니는 직장 본사를 방문하여 직접 체크하는 과정이 이루어졌고, 이사 당일에는 100% 이사가 이루어지는지, 예를 들면 침대가 들어 오는지까지 체크하는 과정이 더해졌다.

전세 대출금은 내 통장을 거치지 않고, 집 주인의 통장으로 직접 입금되기 때문에 안전하다고 생각했는데, 생각보다 복잡한 검증

프로세스에 놀랐다. 그리고 '나를 체크하러 직장에, 집에 직접 방문한 사람들의 인건비와 시간, 이를 위한 시스템에 필요한 비용 등이 대출 이자에 포함되겠구나!'라는 생각이 들었다.

만약 서로를 더 신뢰할 수 있다면 더블 체크를 위한 비용과 시간을 줄일 수 있지 않을까? 블록체인 기술을 통해 계약과 금융 영역에서도 기존의 복잡한 프로세스를 보완할 수 있는 부분이 있을 것이다.

NFT는 어떻게 사용자 간 신뢰도를 확보할까?

그동안 전통적인 방식은 중앙에 서버가 존재하고 클라이언트가 연결된 클라이언트-서버(Client-Server) 구조였다. 이 방식은 인터넷 기반의 비즈니스 업무를 처리하기 위해 사용되어 왔다.

개인 대 개인(Peer to Peer, 이하 P2P) 구조는 모든 컴퓨터가 클라이언트로 작동하면서 필요에 따라 서버의 역할을 수행할 수 있다. P2P는 중개인이 없는 동시에 네트워크에 접속해 있는 모든 컴퓨터가 질서 있게 동등한 동료(Peer)이므로, 수많은 동료가 평등하게 작업을 수행하는 새로운 인터넷 환경이다.

블록체인 기술은 바로 이 P2P 구조를 기반으로 한다. 분산 시스템은 중앙 집중 방식보다 업무를 처리하고 연산하는 속도가 빠르

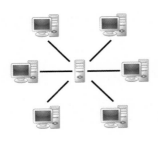
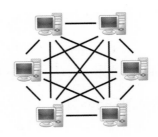

Server-based   **P2P-network**

클라이언트-서버(Client-Server)와
개인 대 개인(Peer to Peer) 구조 비교

다. 이는 곧 중앙통제자가 배제됨으로써 거래 비용이 감소하고, 사용자의 편리성과 접근성이 증가하면서 거래가 훨씬 더 널리 확산될 수 있다는 뜻이다. 중앙의 통제 없이 네트워크 내의 모든 구성원들에게 동등한 권리와 역할을 부여하므로, 모든 노드(Node)가 자원의 공급자인 동시에 소비자가 된다.

또 P2P 구조는 분산 처리 기법을 사용하므로, 기록한 정보의 위변조를 어렵게 하는 조작 방지의 가치를 제공한다. 이렇게 참여자 모두에게 동일한 거래 정보를 저장하게 하여 서로를 속일 수 없는 환경을 제공하기 때문에 데이터의 신뢰성과 거래의 투명성 확보가 가능해진다.

NFT는 블록체인 기술을 활용해 디지털 자산에 대체할 수 없는 고유한 인식값을 부여한다. 따라서 콘텐츠 원본이나 소유권을 인정하는 증명서 역할을 할 수 있다. 이 때문에 위작 논란이 많은 미술 시장에서 주목받기 시작했고 최근에는 게임과 음악, 스포츠 업계 등으로 확산하고 있다. 이렇게 블록체인은 신뢰 비용을 줄임으로써 디지털 경제 내에서 혁명을 일으켰다.

신뢰도 구축을 통해
비대면으로 그림에 투자할 수 있는 플랫폼, TESSA

'블루칩 아트'란, 미술 시장에서 가격과 인지도, 그리고 미술사적인 의미를 모두 인정받은 작품들을 말한다. 이러한 블루칩 작가 작품들은 투자 자산으로 안정적인 편이며, 특히 최근에 전 세계적으로 높은 가치 성장률을 보이고 있다. 비교적 안정적인 투자 자산이지만, 블루칩 미술품은 최소 3,000만 원 이상의 가격을 가지고 있기에 일반 대중들이 접근하기 어렵다는 한계가 존재했다.

TESSA(테사)를 창업한 김형준 대표는 '블록체인 기술을 통해 소액으로도 미술 작품에 투자할 수 있는 플랫폼을 만들 수 있지 않을까?'라는 가설을 세우고, 기존에는 불가능했던 점들을 해결하고자 했다. 테사(TESSA)는 자산(ASSET)이라는 영어 단어를 뒤집어 만들어진 이름이다. 테사는 사명처럼 기존 자산의 개념과 접근 방식을

테사 애플리케이션 구동 화면

180도 뒤집어, 누구나 고가의 미술품을 소액으로, 쉽고 간편하게 구매할 수 있는 모바일 앱 서비스를 추구한다. 테사는 기술 구현을 위해 블록체인을 활용한 자산 유동화 특허도 취득했다.

테사는 무라카미 다카시, 야요이 쿠사마, 뱅크시 등 전 세계 유명 아티스트의 작품을 판매하고 있다. 이 중 12억 원대의 가격에 거래되고 있는 중국 작가 리우예의 작품 〈Angel〉은 현재 5,950명이 공동 구매하여 소유하고 있다.

테사를 통해 작품을 구매하면, 클레이튼 기반의 블록체인에 기록된 소유권 보유 현황 및 내역을 확인할 수 있다.

테사는 투명한 거래 이력 관리를 가능하게 하는 자산거래 플

클레이 기반 토큰들의 이동 경로와 관련 정보를 확인할 수 있는
'클레이튼 스코프'에서 테사의 거래 이력을 투명하게 볼 수 있다.

랫폼 구현을 위해 블록체인 기술을 활용했고, 이는 NFT가 아닌
FT(Fungible Token)에 거래 이력을 기록한다. 하나의 작품 소유권을
분할할 때 작품의 실물 점유자와 공유 계약을 체결하게 되는데, 이
계약서는 대체 불가능한 토큰이 아닌 동일한 계약 내용을 담고 있
는 토큰 형태이기 때문이다.

　　그림에서 Name(그림의 1번) 항목을 보면 #0036에 대한 기록을
담고 있다. 테사 앱 내에서 리우예의 작품 〈Angel〉에 #0036을 표시
해 두고 있으므로 쉽게 확인할 수 있다. 이 페이지에서는 #0036에
대하여, 토큰이 총 몇 개 발행되었고, 최근에 어떻게 거래되었는지
를 기록하고 공개한다. 중간 플랫폼인 테사의 확인을 통하지 않고

도 제 3자에게 모든 거래 내역을 투명하게 확인할 수 있는 것이다.

Total transfers(그림의 2번)는 구매와 재거래를 포함함 모든 소유권 전송 횟수를 표시한다. Contract(그림의 3번)는 스마트 컨트랙트, 즉 계약을 의미하며 계약 어카운트의 주소를 명시한다. Holders(그림의 4번) 항목은 소유권이 언제, 어떻게, 얼마나, 누구에게로 이동했는지를 공개한다. 이 그림에 대한 소유권을 가지고 있는 사람들이 누구인지 판단할 수 있으므로 '주주 명부'에 비유할 수 있다. 단 실명은 알 수 없고, 대신 ADDRESS를 공개한다. ADDRESS(그림의 5번)는 어카운트의 주소이고, AMOUNT(그림의 6번)는 거래한 양을 표시한다. 1개당 1,000원 단위로 분할하였기에 3만 5,000개의 표시를 통해 3,500만 원만큼 소유권을 가지고 있음을 알 수 있다.

이렇게 테사는 블록체인 기술을 통한 FT 발행을 통해 개인들이 소액으로 블루칩 아트를 소유할 수 있는 플랫폼을 구현해냈다.

테사가 시도한 스마트 계약을 통한 FT와는 달리 NFT는 세상에서 단 하나뿐인 대체 불가능한 토큰이므로, 단 하나뿐인 증명서이다. 예를 들어 공연 티켓의 경우, 가격대가 같은 티켓이라도, 좌석마다 고유의 번호를 가지고 있는데, 이를 NFT에 비유할 수 있다.

소유권과 로열티 권리가 포함된
음반-NFT 마켓플레이스 '레이블리'

음반 제작 회사가 아닌, 개인들도 자신만의 음반을 제작하고 이를 통한 음원 수익을 실현할 수 있을까? 2017년 창업한 스타트업, 루나르트의 권재의 대표는 보다 많은 이들이 나만의 취향을 담은 음반을 발매하고, 다양한 창작자들도 보다 빠르고 쉽게 음반을 판매할 수 있는 플랫폼을 구현하고자 했다. 대형 음반 제작자에 의해 선택되고 발매되어 유통되는 음원 이외에도 미발매되는 음원들이 상당히 많이 존재하기 때문이다. 예를 들어 약 1,000개의 곡이 만들어지면 그중 선택되는 단 1곡만이 음반으로 발매되고 나머지 999곡은 사장(死藏)되는 식이다.

물론 마치 음악의 저작권에 투자할 수 있을 것처럼 홍보하던 '뮤직카우(Musicow)' 같은 플랫폼이 있어 음악 저작권에 대한 투자 시장이 열린 것 같은 오해가 생기기도 했었다. 그러나 뮤직카우는 음악의 '저작권료 참여 청구권'이라는 권리를 분할하여 판매하는 것으로, 사실상 투자자들은 저작권 신탁 협회로부터 사용료를 분할하여 지급받는 권리 외 음악에 대한 어떠한 권리도 보유할 수 없고, 수익률도 제한적이라는 분명한 한계가 존재했다.

레이블리는 모든 사용 권리를 포함하고, 해당 음반에서 발생하는 모든 로열티 수익을 온전히 소유권자에게 전달하여 이를 통한

**레이블리에서 서비스하고 있는
짐바브웨 출신 아티스트 리슬리피(LeslieP)의 음원 페이지**

파생 비즈니스도 가능한 플랫폼을 만들고자 했다. 다행히 자신이 가지고 있는 재능으로 더 많은 사람들이 음악을 소유하는 즐거움과 가치를 느낄 수 있다는 것에 공감하는 아티스트들을 찾을 수 있었다. 지구 곳곳의 다양한 지역에서 활동하는 아티스트를 발굴한 끝에, 이제는 레이블리에서 아프리카 짐바브웨의 아티스트도 만날 수 있게 되었다.

NFT 기술은 아마추어 예술인들에게 기회의 장도 열어주었다. NFT를 통해 아티스트의 원작이 보호되고, 곡이 유명해져 많이 재생될수록 로열티 수익 구조에 따라 뮤지션은 저작권료인 16.75%의 수익도 가져가게 된다. 음원을 구입한 고객 역시 저작인접권료 비

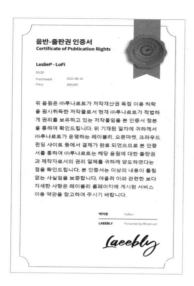

©laeebly.net

(왼쪽) 레이블리가 발급하는 음반−출판권 인증서
(오른쪽) 오픈시에서 확인할 수 있는 세 가지 NFT 요소*

율 만큼 수익을 가져갈 수 있다. 내가 좋아하는 아티스트를 후원하면서, 음원의 가치가 올라갈수록 높아지는 수익을 나와 아티스트가 함께 공유하게 되는 구조이다.

레이블리 역시 서비스의 기반은 '투명성'이다. 레이블리에서 음원에 투자하면 '음반−출판권 인증서'가 발급되는데, 여기에 NFT를 적용하면 생성 이력과 데이터가 기록되고 이는 수만 개에서 수십만 개로 분산 저장되기 때문에 데이터의 신뢰성과 거래의 투명성 확보가 가능해진다. 블록체인에 기록된 정보는 누구나 열람할 수

---

*   NFT는 미디어 데이터(NFT media data), 메타 데이터(NFT metadata), 스마트 계약(NFT smart contract) 세 가지 요소로 구성된다.

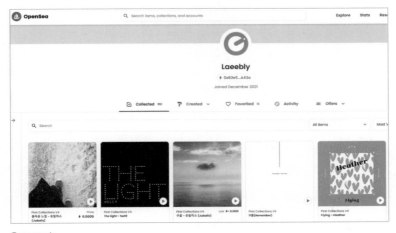

오픈시 내의 레이블리 채널 화면

있어, 한 번 기록된 정보는 위변조할 수 없다. 이렇게 구매한 음원의 소유권은 NFT를 통해 투명하게 증명될 수 있기 때문에 NFT는 '디지털 등기 권리증' 역할을 한다.

또한 레이블리는 오픈시(Opensea)와 연동되어 있어, 음원의 가치를 올린 후 제3자에게 판매할 수 있는 리셀(Resell, 재판매)도 가능하다. 추가적으로 NFT 거래는 구매자에게 저작권까지 양도하는 것이므로, 구매자는 이를 활용한 비즈니스 창출이 가능하다. 음원을 드라마 OST 등으로 활용해 부가 수익을 얻거나, 음원 일부를 재조합하여 새로운 곡을 창조하는 일까지 다양한 방식을 생각해 볼 수 있다.

NFT 혁명으로 새롭게 열리는 퍼플오션, 리셀마켓

레드오션은 경쟁자들로부터 시장을 빼앗기 위하여 치열한 경쟁이 펼쳐지는 기존의 시장을 뜻한다. 블루오션은 성장 잠재력을 가지고 있는 미개척 시장으로, 경쟁자가 없거나 경쟁이 치열하지 않은 새로운 시장을 뜻한다. 레드와 블루를 혼합한 색의 '퍼플오션'은 기존의 레드오션에서 신기술 또는 발상의 전환을 통하여 새로운 가치의 시장을 만드는 경영 전략이다.

NFT는 기존의 시장에서 불가능했던 많은 것들을 해결함으로써 새로운 시장을 창출하고 있다. 대표적인 것이 리셀마켓(Resell market)이다. 리셀이란 상품을 사들인 후 더 큰 가치를 붙여 되파는 행위를 말하는데, 한정판 운동화나 명품을 어렵게 구입해 이윤을 붙여 되파는 새로운 투자 개념으로 각광받고 있다.

리셀마켓에서는 생산자와 구매자 간이 아닌, 1차 구매자와 2차 구매자 간에 거래가 이루어진다. 그래서 두 가지 중요한 문제를 해결해야 하는데, '진품 여부에 대한 검증'과 '빠르고 신속한 배송'이다. 둘 중 더 시급하고 중요한 문제는 '진품 검증'이다. 대표적인 리셀 플랫폼인 미국의 스탁엑스(STOCKX), 국내의 크림, 프로그, 솔드아웃 등의 플랫폼들은 감별사를 두어 검수 작업을 하고 있다.

NFT 역시 리셀을 통해 이익을 얻는 투자처이지만, 앞서 이야기한 두 가지 문제점을 고민할 필요가 없다. '디지털 등기권리증' 역할을 하고 있기 때문에 진품 여부에 대한 걱정이 필요 없고, 디지털 상에 존재하기 때문에 배송비 부담 또한 전혀 없다.

이렇게 NFT가 디지털 상에서 존재하는 이미지, 동영상, 음원 등의 창의적인 활동에 의해 생성되는 모든 작품이 거래될 수 있는 환경을 제공하면서 그림 투자, 음원 투자 등이 퍼플오션 시장으로 성장하고 있다. 판매자와 구매자가 아무리 멀리 떨어져 있어도 배송이 필요 없고, 오프라인으로 만난 적은 없지만 신뢰하에 거래할 수 있기 때문에 글로벌 시장으로 거래가 확대될 수 있어 성장 잠재력이 높은 것이다.

만일 내가 투자하려는 NFT의 투명성이 의심된다면 신중할 필요가 있다. 블록체인 기술과 NFT의 등장 배경이며 존재의 이유이기도 한 이 속성이 무너지면 투자 역시 실패로 돌아갈 가능성이 높기 때문이다. 실제로 블록체인 열풍이 불면서 급하게 만들어진 투자 플랫폼들이 신뢰도 문제로 폐쇄하는 경우가 발생하고 있다.

머지않은 미래에 블록체인과 NFT를 통해 그동안 필수로 여겨졌던 신뢰 확보를 위한 비용을 대폭 줄이고 '안심하고 믿을 수 있는 거래 시스템'이 구축될 것이다. 이런 환경에서 투자자들은 NFT 거래 플랫폼을 결정하거나 NFT 상품을 구매할 때 투명성이 담보되느냐를 중요하게 평가해야 한다.

좋은 NFT의 조건 4. 커뮤니티
유저가 성장하는 선순환 구조를 갖추었는가?

오늘 저녁에 약수역 근처에서 친구들을 만나기로 했는데, 뭘 먹으면 좋을까? 우선 휴대폰을 꺼내 '네이버 지도' 앱으로 들어간다. '고기'로 검색해 보니 20여 개의 밥집 아이콘이 펼쳐진다. 약수역 인근에 고깃집이 생각보다 많았음에 놀라며, 이 중 평점 4.0 이상으로 추린다. 금돼지식당은 4.4점, 그 맞은편에 위치한 호박식당은 4.32점, 큰 차이가 없어 판단하기가 쉽지 않다. 결국 30분 넘는 시간을 들여 블로그 리뷰까지 모두 읽고서야 약속 장소를 정한다.

웹 2.0 시대에는 맛집을 찾을 때 나와 비슷한 또래의 유저가 많고 이들과 연결될 수 있는 플랫폼을 통해 정보를 얻고, 댓글과 리뷰로 의견을 교환했다. 10명의 의견보다는 100명, 1,000명의 의견이 공신력을 갖기 때문이다.

가장 많은 이들이 사용하고 자발적으로 글을 올리는 플랫폼이라고 알려지면, 더 많은 고객이 찾게 되는 것이 플랫폼의 특징이다. 이를 '네트워크 효과'라고 한다. 이런 과정을 통해 웹 2.0 시대에는 거대한 플랫폼들이 탄생했다. 'Winners take all(승자 독식)'의 법칙이 통하던 때는 사람들이 가장 많이 모여 있는 플랫폼이 가장 강력한 파워를 가졌다. 정보를 검색하거나, 타인의 의견을 듣거나, 중고로 물건을 팔 때에 플랫폼 내에 모여 있는 유저들의 수가 많을수록 효율적이기 때문이다.

플랫폼을 통한 빠르고 쉬운 온라인상의 연결과 커뮤니티의 매력에 취해 있을 무렵, 사람들은 '이건 뭔가 잘못되지 않았나?' 하는 문제 의식을 가지기 시작했다. 이 플랫폼에 정보를 제공하거나 콘텐츠를 업로드하는 이들은 유저인데, 플랫폼을 만든 기업이 광고 등을 통해 대부분의 수익을 가져가고 있었기 때문이다. 이렇게 플랫폼의 파워가 커지다 보니, 나의 데이터와 정보까지 별다른 동의 없이, 예상치 못한 용도로 활용되는 일이 발생했다. 또한 블로그나 맛집 리뷰를 실제 유저들이 쓰는 것인지, 광고를 위해 업체의 지인들을 동원한 홍보용 글인지 구분하기 어려운 경우도 많아졌다.

웹 3.0 시대의 정보 검색은 이런 문제점들을 어떻게 해결할까?

참여자들과 함께 맛집 지도를 그려나가는
'레이지고메클럽'

국내 F&B 관련 스타트업에서 만든 '레이지고메클럽(lazy gourmet club)'은 커뮤니티를 형성하는 유저들이 참여하여 맛집 지도를 만들고, 커뮤니티의 가치를 올리고, 이로 인한 수익도 향유하는 시대를 만들어간다는 웹 3.0의 철학으로 시작되었다.

레이지고메클럽은 커뮤니티 참여자들이 직접 맛집을 추천하고 리뷰를 작성하고, 이들에게 토큰을 보상함으로써 수익을 공유한다. 베스트 리뷰에 선정되면 추가로 토큰을 보상해 주는 시스템을 통

©lazygourmet.club

레이지고메클럽의 주요 캐릭터들

오픈시에서 거래되고 있는 'lazy people v1'

해, 플랫폼의 중앙 서버가 통제하는 방식이 아닌 탈중앙화된 구조를 구축하였다. 또 레이지피플 NFT를 보유하고 있는 홀더들에게는 레이지고메클럽과 연계되어 있는 식당의 할인 쿠폰을 제공하는 등의 오프라인 혜택도 제공한다.

　레이지고메클럽은 2022년 1월 말 첫 민팅을 통해 'lazy people v1' NFT를 발행했다. 최초 발행한 NFT 시리즈는 발행가 50클레이 대비 4배 가격인 200클레이까지 거래되었으며, 2022년 3월 현재 약 100클레이에 오픈시에서 거래되고 있다.

　누구나 가끔은 게으른 미식가가 되고 싶을 것이다. 레이지고메클럽의 이도형 대표는 아이디어 기획 당시 '가끔은 나 대신 맛집을

레이지고메클럽이 실험적으로 운영했던 카카오 오픈채팅방

찾아주고, 오늘 점심 메뉴를 결정해 주길 원하는 이들이 있을 것이
다.'라고 생각했다고 한다. 이를 검증하기 위해 카카오 오픈채팅방을
열어 챗봇이 그날의 메뉴를 추천해 주는 작은 실험을 진행했다. 메
뉴 추천을 원하는 유저들이 '메추'라는 글을 입력하면, 챗봇이 랜덤
으로 메뉴를 추천하는 방식이다. 입소문을 통해 한 달 만에 2,000명
가까운 이들이 모였고, 이들은 챗봇의 메뉴 추천에 신기해하면서도
즐겁게 반응했다.

　또한 커뮤니티 안에서 NFT 홀더들은 서로가 맛집을 추천하고,
추천에 대한 신뢰도를 꽤 높게 평가하는 경향을 보였다. 이렇게 '광
고 없는 진짜 맛집'을 찾고 싶은 사람들의 니즈를 확인했고, 참여자
들이 정보를 등록하고 서로 평가하는 웹 3.0 형태의 맛집 플랫폼이

출시되었다.

 레이지고메클럽은 생태계를 촉진시키기 위한 방법으로 가상 부
동산을 적용하였다. 레이지고메클럽의 가상 부동산 보유자인 '랜드
오너'는 자신의 랜드 위에서 일어난 활동에 대해 보상을 가져갈 수
있다. 그리고 자신의 땅을 개발할 수도 있다. 맛집을 등록하거나 추
천하여 얻은 보상이 레이지고메클럽 가상 부동산을 개발할 수 있
는 자본이 된다.

 이렇게 레이지고메클럽은 단순 맛집 추천뿐만 아니라 가상부동
산을 통해 F&B 산업의 온오프라인을 연결하고, 나아가 참여하는
개인들이 제공하는 하나하나의 정보가 가치를 인정받을 수 있는

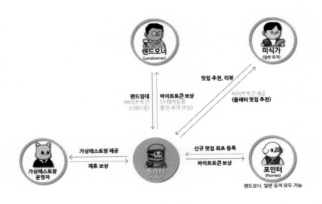

레이지고메클럽이 만든 맛집 추천 플랫폼
'플레터'의 가상 부동산 생태계

©레이지고메클럽 IR 자료

탈중앙화된 플랫폼을 목표로 성장하고 있다.

지속 가능한 커뮤니티를 보유하고 있는가?

내가 가치를 올리는 만큼 보상을 받는 것이 가능한 플랫폼이 있다면 어떤 차별점이 있을까? 지속적으로 방문하고 참여할 만한 충분한 동기부여가 된다는 점일 것이다. 중요한 것은 이러한 합리적인 보상이 디지털 경제 안에서 가능해졌다는 점이다. 이전에는 플랫폼이 성장하더라도 공정한 보상 체계를 구축하기는 어려워 보였다. 하지만 이를 가능하게 한 모멘텀인 NFT가 이끄는 디지털 세상에서는 새로운 경제 시스템이 작동한다.

기존 온라인 세상에서는 생산자와 소비자, 이렇게 두 개의 경제 주체가 존재하고 생산자와 소비자를 이어주는 온라인 플랫폼이 판매량에 따른 수수료를 보상으로 가져갔다. 따라서 이 플랫폼 확장에 실질적으로 기여한 유저들이 보상을 받는 주체에서 제외되는 것이 자연스럽게 받아들여졌다.

그러나 NFT 기술을 통해 디지털 아이템을 사고파는 것이 가능해진 웹 3.0의 디지털 세상에서는 플랫폼의 확장에 기여한 유저들이 보상을 받을 수 있는 길이 열린다. 플랫폼 내에서 생산자와 소비자도 존재하지만, 결국 이들이 연결되기 위해서는 많은 유저들이 들어와 적극적으로 활동해야 하기에 유저들에 대한 보상이 있는 것이 보다 합리적이라고 할 수 있다. 앞서 살펴본 레이지고메클럽의 경우 유저들에 의해 맛집으로 선정된 식당 주인은 이전보다 인지도가 높아져, 광고를 하지 않고도 매출을 올릴 수 있게 될 것이다. 식당 주인은 광고비를 절감한 만큼 커뮤니티의 유저들에게 할인 쿠폰을 제공할 수 있다. 이 커뮤니티를 통해 발행하는 할인쿠폰을 통해 소비자들은 직접적으로 금전적인 보상을 받을 수 있게 된다. 또 레이지고메클럽에서 발행한 NFT를 보유하고 있는 커뮤니티 멤버는 NFT의 가치 상승을 통해 금전적인 보상을 받을 수 있으니 모두에게 윈윈(win-win)인 경제 구조이다.

이렇게 NFT를 활용한 디지털 경제에서는 커뮤니티 멤버, 생산자, 소비자 3자의 경제 주체가 존재할 수 있게 되었다. 커뮤니티 내에서 광고가 필요하지 않기에 허위로 글을 올리는 유저들이 형성될 수 없는 구조이다. 이렇게 커뮤니티의 신뢰도가 높아지고 재미있는 콘텐츠가 쌓이면, 이 커뮤니티에 들어오고 싶은 사람이 늘어날 것이다. 이는 NFT의 구매 욕구를 상승시키고, 수요가 많아질수록 거래량이 증가할 것이므로, NFT의 가격은 자연히 올라갈 것이다.

그러므로 투자자로서 NFT의 가치를 평가할 때 커뮤니티의 지속 가능성과 잠재력을 반드시 고려해야 한다. 커뮤니티가 성장하고 인지도가 높아져야 NFT 또한 많은 이들에게 공유됨으로써 가치가 상승하기 때문이다. 이렇게 플랫폼으로 성장하면, 많은 생산자들로부터 제휴 요청이 올 것이다. 생산자들은 마케팅 비용으로 커뮤니티 멤버들에게 다양한 이벤트, 혜택을 제공할 수 있다. 이를 통해 소비자들이 유입되면 생산자들은 미들맨(기존의 플랫폼) 없이 소비자들과 연결될 수 있기 때문에 시스템과 구조가 함께 성장하는 '선순환 경제 구조'가 완성된다. 그리고 이것은 블록체인과 NFT가 세상에 등장한 배경과 맞닿아 있다.

좋은 NFT의 조건 5. 플렉스 문화

남들이 부러워할 만한 아이템인가?

얼마 전 이사를 하면서 개인적으로 아끼던 나이키 신발을 버릴지, 이삿짐 박스에 넣을지 한참을 고민했다. 미국에 여행 갔을 때 샀던 한정판 디자인의 신발이기 때문이다. 하지만 7년 전에 산 운동화라 이미 낡기도 했고, 이사 가는 집의 신발장이 크지 않아 현실과 타협했다. 그래도 아끼던 신발인데 헤어지기에는 아쉬움이 남아, 휴대폰으로 사진을 찍어 마음 속에라도 남겨두기로 했다.

좋아하는 물건을 실물로 보관하는 일은 생각처럼 쉽지 않다. 보관상의 어려움도 있고 영구적인 제품이 아니기에 언젠가는 버려야 한다. 생각해 보면 어릴 적 어렵게 모았던 도라에몽 피규어, 무민 인형, 모네의 수련 시리즈가 그려진 수첩 같이 좋아했던 소품들은 다 사라지고 지금은 존재하지 않는다. 단지 추억 속에서만, 기억의 한 켠에 자리잡고 있을 뿐이다. 나이가 들수록 기억력이 감퇴하고 있으므로 기억 속에서도 점점 사라져갈 것이다.

디지털 세상에서 영구적으로
보관할 수 있는 신발을 만든 아티팩트

'아티팩트(RTFKT)'는 디지털 세상에서 내가 좋아하는 신발을 구매하고, 보관할 수 있도록 다양한 디자인을 선보인다. 디지털 공간에서는 그 어떤 제약도 없기에, 아티팩트의 창업자 3인은 다양한 시도를 통해 창의적인 제품을 선보인다.

©rtfkt.com

아티팩트가 디자인한 가상 신발

사진 속의 가상 신발은 현재 오픈시에서 각각 58만 2,836달러 (약 7억 원), 2만 9,112달러(약 3,600만 원)에 판매되고 있다. 신발을 사진 찍어 올린 것으로 착각할 정도로 진짜 같지만, 이 신발들은 오직 온라인 상에서만 존재한다. 그렇다면 오프라인에서는 존재하지 않는 가상 패션 아이템을, 신지도 못하는 신발을 왜 비싼 돈을 주고 구매할까?

가상 패션 아이템은 실제 의류에 비해 몇 가지 장점을 가지고 있다. 첫째는 지속 가능성이다. 가상 패션은 재료를 사용하지 않을 뿐만 아니라, 운송과 포장에 시간과 노력을 필요로 하지 않기 때문에 환경 오염 물질을 발생시키지 않는다. 둘째는 디자이너들에게 무한의 상상력과 창의성을 표현할 기회를 제공한다. 운동 선수가 실제로 이 운동화를 신을 수 있을지, 사무실에서도 편한 신발인지 등의 기능적인 면을 생각하지 않고, 오롯이 디자인에 집중할 수 있다. 한계가 없는 디자인은 많은 이들에 의해 회자될 가능성이 높고, 잠재 고객들에게 노출될수록 값어치는 올라간다.

아티팩트는 가상 신발을 실물로 제작하는 서비스도 제공하는데, 이것 역시 큰 인기를 끌고 있다. 이러한 장점에 공감한 이들이 많았는지 아티팩트가 내놓은 신발들은 예상을 훨씬 뛰어넘은 고가에 팔리고 있다. 아티팩트는 이에 보답이라도 하듯 AR 필터 기술을 활용하여 NFT 구매자들이 영상과 사진을 제작하고 공유할 수 있

(왼쪽) 테슬라의 사이버트럭
(오른쪽) 아티팩트가 제작한 사이버트럭 스니커즈

는 기능을 추가했다. 값비싼 상품을 소유하고 있는 사실을 충분히 자랑(플렉스)할 수 있도록 기술을 지원한 것이다.

아티팩트의 유명세는 2020년 초부터 시작되었다. 테슬라의 사이버트럭에서 영감을 받아 제작한 사이버트럭 스니커즈를 일론머스크의 사진에 합성해 배포했는데 이 사진이 큰 인기를 끌었다.

이런 창의성과 실험 정신을 높이 산 나이키는 2021년 12월, 아티팩트를 인수했다. 그리고 2022년 2월, 나이키 최초의 NFT를 발행했는데, 이 역시 팬들을 실망시키지 않는 결과물이었다.

아티팩트와 함께한 나이키의 첫 NFT는 모노리스(MNLTH, Monolith)라는 상자 이미지다. 신발 디자인은 공개하지 않고, 검정색 상자 디자인만 공개하는 창의적인 시도를 한 이 작품은 2만 개가 발행되었는데, 안에 무엇이 들었는지 모르는 상태에서도 개당

나이키×아티팩트가 공개한 첫 NFT인 모노리스

3,000만 원이 넘는 금액에 거래되고 있다. 모노리스 구매자들은 이미 기대감을 담아 SNS에 자신의 소장품을 자랑하고 있다. 머지않아 이 검은 상자가 열리는 날에는 또 한 번 전 세계인의 SNS에 '모노리스'라는 단어가 오르내릴 것으로 보인다. 그럴수록 아티팩트가 발행하는 모든 NFT는 더 높은 가치를 가지게 될 것이다.

온라인과 오프라인, 그 경계를 뛰어넘어
예술 작품을 소유할 수 있게 한 '파트론'

음악은 오래전부터 디지털 스트리밍이 되는데, 그림은 왜 안 될까? 미술 작품의 대중화를 위해 '노다멘'을 창업한 이원준 대표는 온오프라인 구분 없이, 보다 쉽고 편리하게 미술 작품을 감상할 수 있는 솔루션을 만들기 위해 고민했다.

그가 처음 세운 가설은 '보다 많은 이들이 미술 작품을 감상할 수 있는 플랫폼을 만든다면 꼭 전시회에 가지 않더라도 다양한 작가들을 만날 수 있을 것이다.'였다. 전시회에 가지 않아도 집에서 편안하게 작품을 감상할 수 있는 방법을 고민하던 이 대표는 창업 초기에 모바일과 인터넷을 통한 미술 작품 감상 서비스를 출시했으나, 실제 작품의 퀄리티를 보여줄 수 없다는 한계 때문에 예술 작품이 주는 감동을 전달하기가 어렵다는 것을 깨달았다. 그러다 대형 사이즈의 스마트TV가 대중화되면서, 스마트TV를 활용하는 것이 가장 리얼한 갤러리 풍경을 자아낼 수 있음을 확신했고, 이를 구현하기 위한 플랫폼 '파트론(Parton)' 서비스를 출시했다.

미술 작품들을 감상하다 보니, 마음에 드는 작품을 소유하고 싶어졌다는 고객들의 목소리가 터져나왔다. 디지털 아트는 소유권을 증명하는 것이 불가능했지만 이 문제를 NFT를 통해 해결할 수 있었다. 이렇게 내가 수집한 NFT 디지털 아트를 스마트TV에서 감상할 수 있는 기능까지 갖춘 서비스가 탄생했고, 내가 소유하고 있는 작품들로 구성된 나만의 디지털 갤러리를 만들어 집에서 편안하게 감상할 수 있게 되었다. 블록체인 기술 혁신 덕분에 오프라인에서만 가능했던 것들이 온라인 상에서도 가능해진 것이다.

노다멍이 운영 중인 파트론 NFT 페이지

파트론은 신진 작가들이 누구나 쉽게 NFT로 디지털 작품을 발행할 수 있는 서비스도 제공하여 보다 많은 창작자들이 작품 활동을 할 수 있도록 지원하고 있으며, 나아가 메타버스 안에서 NFT 보증 작품을 전시하고, 소유주임을 증명하는 서비스 확장을 준비하고 있다.

내가 좋아하는 것을 소유하고, 자랑하고 싶은
인간의 욕망을 채워주는 NFT

디지털 네이티브로 온라인에 익숙하고 자기표현이 솔직한 MZ세대는 SNS를 통해 자신이 좋아하는 것, 관심 있는 것, 추구하는 가

세레나 윌리엄스의 PFP

치 등 자신의 '취향'을 공유하며 소통한다. 나를 가장 잘 표현할 수 있고, 다른 사람을 직관적으로 파악할 수 있는 정체성이 '소속'에서 '취향'으로 변화한 것이다. NFT는 개인의 취향을 반영한, 희소하면서도 값비싼 아이템이라는 점에서 온라인에 전시하고 자랑하기에 너무나 좋은 조건을 갖추고 있다.

테니스 선수 세레나 윌리엄스의 남자친구는 생일 선물로 그를 닮은 PFP를 선물했다. 시간이 지나면 언젠가는 사라져버릴 귀걸이나 반지, 의류보다는 원할 때마다 볼 수 있고, 희소성의 가치 덕분에 시간이 지날수록 가치가 올라갈 가능성도 존재하며, 디지털 세상에서 영원히 존재할 PFP의 장점 때문일 것이다.

내가 좋아하는 아이템을 소유하고자 하는 욕망은 인간의 기본적인 속성이다. 혼자 보기에는 아까운 이 아이템들을 공유하고 자랑하고 싶어하는 것 역시 숨기기 어려운 욕망이다. 오프라인에서 보여줄 수 있는 이들보다는 온라인에서 보여줄 수 있는 이들이 비교할 수 없을 정도로 많기 때문에 MZ세대들은 디지털 세상이야말로 플렉스하기에 최적의 공간이라고 여긴다.

NFT 투자로 수익을 올리고 싶다면 이 요소를 반드시 고려해야 한다. 온라인에서 자랑하기에 적합한 모습인가, 개인의 취향이나 부를 뽐내기에 충분한 아이템인가 스스로 질문해 보는 것은 중요한 투자 기준이 될 수 있다.

4 성공적인 NFT 투자를 위한 배경 지식

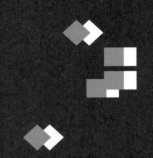

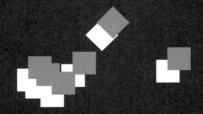

NFT 탄생의 배경이 된
웹 3.0

NFT와 더불어 자주 등장하는 용어가 있다. 바로 '웹 3.0(Web 3.0)'이다.

웹 3.0이란 Web의 3세대라는 의미로 사용자의, 사용자에 의한, 사용자를 위한, 그래서 궁극적으로는 사용자 중심의 인터넷이다.

인터넷 사용자의 증가와 개인정보 보호의 중요성 대두

인터넷의 기술적 진보와 함께 사용자 수 또한 지속적으로 증가하였다. P2P 형태의 1세대 인터넷 시대에(1996년) 4,500만 명 정도였던 사용자는 10년 뒤 2세대 인터넷 시대에는 10억 명 수준으로 약 20배 이상 증가하였다. 이후 PC, 모바일 등이 보편화되면서 현재 인터넷 사용자 수는 48억 명 수준으로 증가하였다. 2006년 당시 전 세계 인구가 66억 명이었음을 감안하면 당시에는 17%의 인구가 인터넷을 사용하였고, 현재는 전 세계 인구 약 78억 명의 62%, 과반수 이상의 인구가 인터넷을 사용하고 있다.

세계의 절반 이상이 인터넷을 사용하면서, 플랫폼 역할을 하는 서비스들이 성장하였고, 이런 편리한 서비스 사용을 위하여 사용자들은 개인 정보를 내주게 되었으며, 플랫폼에는 점점 많은 데이터가 축적되면서 플랫폼에게 '데이터'라는 힘이 생겨나게 되었다. 그리고 이것은 현재 인터넷인 웹 2.0의 취약한 부분이 되었다.

플랫폼들은 수집된 개인의 데이터를 다양한 용도로 사용했다. 사용자에게 이로운 방향으로도 사용하지만 악용하는 사례도 많다. 운영 소프트웨어, 포털 웹사이트, 소셜네트워크, 금융 등 다양한 플랫폼들은 개인 데이터를 수집하는 대신 무료로 사용자들에게 서비스를 제공하는 비즈니스 모델을 채택하고 있다. 각 플랫폼은 온라인 서비스의 영역을 확장하며 개인 정보, 금융 정보, 가족 정보 등 최고 수준의 개인 데이터까지 손쉽게 접근하고 있다. 심지어 이렇게 중요하고 비밀스러운 데이터를 자신들의 중앙 서버에 안심하고 보관하라고 권하기까지 한다.

더 나은 선택을 돕는 '착한' 기술?
내 정보를 마음대로 사용하는 '악한' 기술!

데이터를 축적해 '빅데이터'를 가지게 된 기업들은 알고리즘을 이용한 인공지능 추천 등으로 서비스를 확장하고 있다. 취향 등 다양한 개인적 요소들을 반영하여 사용자의 성향에 맞는 서비스를 추천하는 사용자 취향 분석 타깃 마케팅은 이제 대부분의 플랫폼들에서 제공하는 보편적인 서비스가 되었다. 이런 서비스는 사용자 입장에서는 범람하는 데이터 속에서 더 합리적인 선택을 할 수 있도록 돕는다.

그런데 데이터를 중앙 서버에서 관리하는 이런 형태는 개인정보의 해킹 위험성부터 수집한 데이터의 판매까지 많은 리스크가 존재한다. 개인의 이름부터 회사, 사는 곳, 신용카드 정보, SNS, 개인 게시물 등의 사적인 정보는 물론 성격, 방문 기록, 클릭 기록, 이동 흔적, 구매 이력, 개인 취향과 같은 보통은 인지하지 않는 일상생활의 흔적까지도 플랫폼 호스트 서버에 보관되는 사례가 발견되었다. 더 큰 문제는 이것이 해킹되어 나도 모르는 사이에 다른 지역, 국가에서 악용될 수 있다는 점이다. 또한, 이런 개개인의 데이터를 판매하여 경제적 이익을 취하는 비윤리적인 기업도 있다. 특정 플랫폼 기업들은 수집한 데이터를 판매하며 막대한 수익 모델로 구축한 것으로 파악되고 있으며 판매 대상은 대기업, 정부 정보

기관 등으로, 개인의 정보를 취득하여 감시 등의 용도로 주로 사용되는 것으로 알려져 있다.

세계적으로 많은 사용자를 보유하고 있는 SNS 페이스북(Facebook)을 운영하는 회사 '메타(Meta)'는 사용자들의 데이터를 판매하는 것을 주 수익 모델로 구축하였고, 이를 기업과 정부기관에 판매한 것이 폭로되어 전 세계적으로 큰 충격을 주었다. 특히 데이터 거래처가 이름만 들어도 알 수 있는 IT 업계의 자이언트들(마이크로소프트, 애플, 아마존, 넷플릭스 등)이라는 부분은 '빅데이터 분석'이라는 미명 아래 개개인의 민감한 정보들이 어떻게 대기업에 의해 악용되고 있는지 보여준다.

또 수집한 개인 데이터를 타깃 마케팅 용도로 악용한 사례도 발생했다. 2016년 미국 대통령 선거 당시 페이스북은 도널드 트럼프 후보 측에 개인 데이터를 제공하는 방식으로 타깃 마케팅을 지원하면서 약 9,000만 명의 의사 결정에 영향을 끼친 것으로 밝혀졌다. 또 미국 국가안보국에서 일했던 미국의 컴퓨터 기술자 에드워드 스노든(Edward Snowden)은 목숨을 걸고 미국 정보국에서 개인 정보를 사용하여 저지른 만행들을 폭로하면서 큰 화제가 된 바 있다.

웹 3.0은 플랫폼이 아니라, 나를 향해 디자인된 인터넷

웹 2.0의 한계를 극복하고자 블록체인, 인공지능 등의 기술을 이용한 웹 3.0, 즉 3세대 인터넷이 등장했다. 웹 3.0은 개인에 특화된 사용자 중심(User-centric) 인터넷이다.

1세대 인터넷은 단순하고, 많은 양의 데이터를 처리할 수 없는 텍스트 기반의 인터넷으로, 특정 사용자들만 이용할 수 있는 불편한 형태였다. 이후 지속적으로 발전하며 현재의 형태로 진화했는데, 이 과정에서 사용자는 웹 상의 정보를 이용하는 '소비자'에서 직접 콘텐츠를 만드는 '생산자'가 되었다. 공급자가 일방적으로 정보를 제공하는 단방향 소통(1세대 인터넷)에서 참여를 통해 상호 소통과 교류를 하는 형태(2세대 인터넷)로, 이제는 사용자가 중심이 되어 맞춤화, 개인화된 서비스를 제공하는 형태(3세대 인터넷)로 인터넷 패러다임이 변화하고 있다. PC나 모바일을 통해 인터넷에 접속하는 내가 원하는 정보, 최대한 나와 일치하는 정보가 더 빠르게 눈에 들어오는 이유가 바로 이 때문이다.

한편, 현재 인터넷인 2세대 웹에서는 많은 사용자들이 웹사이트, 메신저, SNS, 동영상 채널 등 다양한 분야에서 개인의 정보나 창작물을 플랫폼을 통해 공유하고 기여하며 커뮤니티를 활성화시키는 일원으로써 역할을 수행하고 있다. 하지만, 그에 따른 적절한 대우와 보상을 받고 있는지 생각해 보면 여전히 플랫폼이 '갑'이고 사용자는 '을'의 형태인 것을 알 수 있다.

웹 3.0으로 진화하기 위해서는 이 부분이 개선되어야 한다는 목소리가 꾸준히 제기되었다. 서비스 형태만 바뀌는 것이 아니라, 웹상에서 공유되는 개인의 정보와 창작물의 소유권이 사용자(창작자)의 것이 되어야 진정한 사용자 중심의 가치가 실현된다는 것이다.

이 과정에서 블록체인과 NFT의 역할이 대두되었다. 각종 정보보안, 콘텐츠의 소유권 증명을 위한 필수 기술이기 때문이다. 이 첨단 기술들이 적용된 새로운 인터넷은 사용자들이 그동안 인지하지 못했던, 또는 포기했던 온라인 상에서 개개인의 권리와 자유를 보장받고, 웹 2.0에서 경험했던 다양한 편의성까지 함께 누릴 수 있는 훨씬 나은 환경일 것이다.

웹 3.0에 대한 비판

하지만 웹 3.0에 대한 부정적인 시선도 많다. 트위터 창업자 잭도시(Jack Dorsey)는 "웹 3.0은 사용자가 소유하지 않는다. VC(Venture Capital)*와 VC에게 투자한 이들이 소유한다."라는 메시지를 낸 적이

---

* 기술력과 장래성은 있으나 자본과 경영 능력이 취약한 벤처 기업에 설립 초기 단계부터 자본을 투자하고 경영 관리, 기술 지도 등 종합적인 지원을 제공하여 기업을 육성한 후 투자금을 회수하는 금융 방식

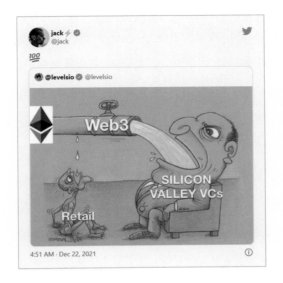

있다. 일론머스크도 이에 동조하며 "Web 3.0 sounds like bs.(웹 3.0
은 헛소리처럼 들린다.)"라고 말했다. 결국 '사용자의 인터넷'이라는 웹
3.0의 실체는 VC라는 새로운 중앙 집권 체제의 배만 불려줄 것이
라는 경고다.

　두 사람의 우려처럼 탈중앙화를 표방하며 또 다른 세력이 나타
난다면 기존의 웹 2.0을 반복하는 꼴이 될지도 모른다. 결국은 다시
소유권이 플랫폼에서 다른 세력으로 넘어가는 형태가 될 뿐이니
말이다.

　웹 3.0이라는 개념이 아직 완벽하지는 않기에 기술적인 측면과
실용적인 측면에서 검토할 점이 많다. 하지만 이미 우리가 경험한

탈중앙화 인터넷 세상은 무척 매력적이다. 중간자가 없는 금융 체계인 디파이(De-Fi, 탈중앙금융)를 비롯해, NFT 거래 플랫폼에서 시행하고 있는 커뮤니티 기여자들에 대한 보상, 커뮤니티에 대한 의사 결정권 행사, 커뮤니티 성장에 따른 지분 배분 등은 MZ세대들의 마음을 사기에 충분했다.

공정하고 투명하게 설계되고, 사용자가 함께 만들면서 그에 따른 보상도 충분히 누리는 웹 3.0은 '시대의 부름'이라 해도 과언이 아니다. 그 새로운 시대를 살아갈 우리가 웹 3.0과 그 기반이 되는 블록체인, NFT에 관심을 가지는 것은 무척 당연한 일이다.

MZ세대의 본능을 건드리는
P2E(Play-To-Earn)

최근 많이 언급되는 P2E(Play-To-Earn) 역시 NFT 기술 발전의 중요한 배경이다.

P2E 구조는 블록체인 기술을 연동시킨 게임에서 가장 적극적으로 사용되고 있는데 이는 사용자를 모으고, 모인 사용자를 이탈하지 못하게 하는 요소일 뿐 아니라, 웹 3.0 생태계를 발전시키는 매우 중요한 역할을 한다.

비트코인에서 비롯된 P2E

P2E의 유래는 블록체인의 핵심 개념에서 찾을 수 있다. 2009년

비트코인의 '태초의 블록(Genesis block)'이 생성되며 블록체인이 처음 세상에 소개되었다. 분산원장 저장 기술을 기반으로 한 블록체인은 비트코인이 존재할 수 있게 하는 기술로, 비트코인을 출현시키고 탈중앙화된 금융 시스템 개념을 전파하였다.

비트코인은 각 국가의 중앙은행(Central bank)에서 발행하고 인정하는 화폐의 가치가 아닌, 블록체인 참여자들의 네트워크에서 화폐의 가치를 매기고 인정하는 형태로 운영되었다. 이렇게 '탈중앙화 금융'의 시초가 되는 모델이 출연한다.

탈중앙화 금융에서는 화폐 거래 기록이 블록체인에 입력되며, 이것을 네트워크 참여자들과 공유하고 상호 검증하게 되어 있다. 그래서 해킹이 불가능하고 보안이 담보되는 것이다. 블록체인 네트워크에 참여한 사람들은 이 번거로운 일을 자발적으로 한다. 그리고 '채굴(Mining)'이라는 형태로 기여에 대한 보상을 받는다.

탈중앙화 네트워크에 기여하는 기여도에 따른 보상, 바로 이것이 P2E의 시초라 하겠다. 다만, 당시에는 즐기는(Play) 개념보다는 기여(Contribute)의 개념이었다.

P2E와 토큰 이코노미가 결합해 NFT 프로젝트가 탄생하다

블록체인 기반의 프로젝트는 본질적으로 각자의 토큰(코인)을 최소한 하나씩 보유하게 된다. 이 토큰을 효과적으로 사용하여 프로젝트를 유지, 발전시키기 위해 '토큰 이코노미(Token economy)'를 설정하는데, 여기에 반드시 들어가는 개념이 '보상'이다. 해당 네트워크에 기여하면 보상으로 그 프로젝트의 토큰(코인)을 받는 형태가 일반적이다.

초기 NFT 프로젝트로 큰 인기를 누렸던 디지털 애완동물 육성 프로그램 '크립토 키티(Cryptokitty)'는 유니크한 디자인의 고양이 NFT를 구매하고 교배하여, 희귀한 고양이를 수집하고 다시 판매하는 형태의 게임이다.

총 200만 개의 고양이 NFT가 발행되었는데 이들은 모두 고유한 '성질(Character)'을 가지고 있다. 크립토 키티는 120여 개의 다양한 성질을 무작위로 타고나도록 설계되어 있어 동일한 고양이는 생성되지 않는, '대체 불가능'의 특성을 잘 담아낸 프로젝트이다.

복제가 불가능한 나만의 고양이를 소유하고 육성할 수 있는 게임을 블록체인 기술을 통해 구현했다는 점이 높이 평가받는데, 이로 인하여 2018년에는 17만 달러(약 2억 원)라는 고가에 고양이 NFT가 판매되기도 하였다. 크립토 키티는 지금까지도 수많은 후발 NFT 프로젝트들의 모티브가 되고 있다.

크립토 키티는 암호 화폐를 도입한 게임 중에서 가장 인기 있는 게임이자 애플리케이션으로 화제가 되었지만 당시 블록체인 기

술은 거대한 트래픽을 감당할 수 있는 수준이 아니었기에 자주 과
부하에 걸려 사용자들의 불만을 샀다. 방대한 트래픽이 한 번에 크
립토 키티에 몰리면서 이더리움 네트워크가 이를 감당하지 못하여
서비스가 지연되는 현상이 발생했고, 사용자들은 고양이 교배나 거
래에 불편을 겪게 되었다.

크립토 키티의 P2E 모델은 간단하다. NFT 거래소에서 자신이
원하는 성격을 가진 고양이 두 마리를 산다. 두 마리를 교배해 새로
운 고양이를 탄생시킨다. 태어난 어린 고양이를 다시 NFT 거래소
에서 판매한다. 사용자는 고양이를 교배하고 육성하는 게임을 즐기

크립토 키티의 종류

고(Play), 희귀한 고양이를 전시하고, 때로는 판매하면서 기쁨과 수익을 얻는다(Earn).

P2E 구조를 이용해 세계관을 확장시키다

엑시인피니티(Axie Inifinity)는 스카이마비스(Sky Mavis)라는 베트남 회사에서 만든 대표적인 P2E 게임으로, 크립토 키티와 유사하게 설계되었다. NFT 캐릭터를 구입하여 이들을 육성하고 교배하고 결투를 하여 보상을 받게 되는 게임이다.

다만, 단순히 캐릭터를 구매하고 교배하여 판매하는 크립토 키티와는 달리, 엑시인피니티에는 전투 게임 요소를 추가하였는데, 모험을 하면서 봇들과 전투하고 P2P로 다른 사용자들과 결투를 벌이기도 한다. 결투에서 승리하면 SLP(Smooth Love Potion)라는 코인을 받는다. 여기에서 P2E 개념이 등장한다. 사용자는 취득한 SLP 토큰을 더 강한 캐릭터를 만들기 위해 교배에 사용하거나, 거래소를 통해 현금화시킬 수 있다. 엑시인피니티는 AXS라는 토큰도 발행해 사용자가 프로젝트의 지분을 갖고, 향후 방향에 대해 투표하고 제안할 수 있는 권한을 부여한다. 또 디파이에 참여할 수 있는 RON 토큰도 발행하고 있다.

이와 같이 P2E 구조가 주는 매력이 있지만, 엑시인피니티는 신

© iloveaxie.com

엑시인피니티 플레이 화면

규 유저들에게 진입 장벽이 높은 편이다. 일단 게임을 즐기기 위해서는 3개의 캐릭터를 선구매해야 하며, 엑시인피니티 자체 NFT 거래소에서, 엑시인피니티 지갑을 설치해 거래할 수 있다.

캐릭터 선구매에서 중요한 부분은 3개 캐릭터의 올바른 조합이다. 이를 무시하고 진행할 경우 큰 효과를 보지 못하고 게임을 그만둬야 하는 상황이 발생할 수도 있다. 게임을 해보기도 전에 적지 않은 돈을 지출해야 하고, 사전 지식 없이는 실패할 수도 있으므로 신규 유저들이 진입하기 쉬운 환경은 아니다.

엑시인피니티는 동남아시아, 특히 필리핀 사용자들이 많다. 2021년에 사용자들에게 월 100만원 이상의 수익을 안겨준다는 소문이 돌며 '월 평균 급여 수준을 훌쩍 뛰어넘는 엑시인피니티 게이

머로 직업을 바꾸는 사례가 많다.'는 언론 기사가 나올 정도였다. 지금도 엑시인피니티 디스코드 커뮤니티에는 70만~80만 명의 유저가 있으며, 많은 사용자들이 게임을 즐기고 있다.

더 많은 사람이 참여에 따른
보상의 즐거움을 누리기 위해서는

모든 블록체인 게임에는 '플레이＝보상'이라는 개념이 존재한다. 이는 앞에서 이야기한 것과 같이 블록체인이 가지고 있는 '기여＝보상'이라는 속성에서 유래하기에, 'X-To-Earn'이라는 개념은 무한히 확장 중이다. 2022년 현재 M2E(Move To Earn, 움직이며 보상을 받는다.) 개념으로 인기를 얻고 있는 스테픈(STEPN)이 그 예이다. 누군가의 창작 활동이 수반되는 아트 NFT 시장은 결국 C2E(Create To Earn, 창작하며 보상을 받는다.) 개념이라고 할 수 있겠다.

하지만 더 많은 사람이 X-To-Earn을 즐기기 위해서는 아직 넘어야 할 허들이 많다. 사용 전에 반드시 학습과 연구가 필요한 점, 초심자는 다소 복잡하게 느낄 수 있는 구조와 디자인, 불확실한 수익성과 기술의 완성도 부족으로 인한 느린 처리 속도와 높은 수수료 등 아직까지도 많은 개선이 필요하다.

블록체인이 대중에게 널리 알려지기 시작한 2017년에도 이와 같은 문제로 인해 대중화에 어려움이 있었고, 결국 디파이나 NFT 분야를 제외한 초기 프로젝트들이 중단되었다. 당시 필자는 이러한 문제들을 해결하고 블록체인 대중화를 통해 생태계 발전에 기여하고자 2017년 '디앱 스토어'라는 프로젝트를 진행했다.

'디앱(dApp)'은 디센트럴라이즈드 애플리케이션(Decentralized Application)의 약자로 탈중앙화 애플리케이션을 의미한다. 우리가 접하는 블록체인 게임, 디파이의 애플리케이션들처럼 블록체인을 기반으로 운영하는 프로젝트를 포괄적으로 디앱이라 한다.

디앱의 가장 큰 장점인 '기여=보상' 공식을 사용자들이 쉽게 접할 수 있도록 이 시기에 필자가 내걸었던 모토가 바로 'Play-To-Earn'이었다. 비트코인 출범 당시 블록체인 생태계에 사용자들이 기여하던 형태가 'Contribute-To-Earn(기여하며 보상을 받는다.)' 또는 'Work-To-Earn(일하며 보상을 받는다.)'이었다면, 여기에 강력한 재미를 더하여 게임의 형태로 진화한 것이 P2E였다.

블록체인의 장점인 '기여도에 따른 경제 수익 창출'을 이루기까지 경험해야 했던 높은 진입 장벽을 해소하고 일반 IT 플랫폼과 유사한 UX/UI로 블록체인 디앱을 경험하게 했다. 초기 블록체인은 기술적인 이해 없이는 사용이 거의 불가능한 상황이었으며, 그래서 오직 아는 사람들만 사용하고 수익을 창출할 수 있었다. 이런 불평등을 해소하기 위해 사용자 경험을 개선하고 편의성, 안전성, 호환성 등의 문제를 해결하여 블록체인의 대중화에 앞장서고자 했다.

　　NFT 열풍으로 블록체인에 대한 기대와 관심이 다시 커지고 있다. 많은 사용자가 모일수록 발전하고 똑똑해지는 블록체인의 특성상 P2E, 나아가 X2E 개념을 적극적으로 활용해 블록체인을 처음 접하는 사람들도 새로운 경험을 하고, 그에 따른 적절한 보상도 얻을 수 있도록 해야겠다.

암호 화폐 투자와
NFT 투자의 상관관계

2017년 ICO(새로운 암호 화폐 공개) 붐 시기에 '식당 옆 테이블 대화에서 코인 이야기가 나오면 팔아야 한다.'는 이야기가 있었다. 우스갯소리 같지만 이런 소문과 함께 시장이 급락하는 현상이 실제로 발생하곤 했다. 이런 이야기들이 정말로 신뢰성 있는 이야기여서 시장이 출렁이는 것일까? 결론부터 이야기하면 '소문은 시장을 출렁이게 하는 것이 맞다.'이다.

코인 시장에서 부자가 된 사람들

요즘은 누구나 크고 작은 다양한 유형의 투자를 하는, 재테크의 시대다. 모두 이미 투자라는 개념에 대하여 익숙하지만 많은 사람들이 가끔 핵심을 간과한다. '하이 리스크, 하이 리턴(High risk, high return.)' 즉, 어느 정도의 리스크를 감수하느냐에 따라서 수익의 범위가 결정된다는 것이다.

누구나 리스크는 적게 지고 수익은 크게 얻고 싶어 한다. 하지만 그런 기회는 흔치 않다. 사실 그런 기회는 극소수의 완벽한 기회를 잡은 사람들에게 주어지는 보상이다. 2018년에는 주변에서 암호 화폐에 투자해 돈 벌었다는 얘기를 듣고 너나 할 것 없이 뛰어들었다. 그렇게 대부분의 사람들이 공부도 하지 않고 코인 시장에 큰돈을 쏟아부었다.

결과는? 2017년 연말부터 2018년 초는 그들에게 지옥이 되었다. 자체적 검증이 없는 투자와(물론 당시 시장은 자체적 검증이 거의 불가능할 정도로 정보가 한정적이었다.) 떠도는 소문을 믿고 들어갔다가 손해를 보거나, '낮은 위험, 높은 이익(Low risk, high return)'이라는 달콤한 유혹에 혹해 사기 코인에 물리거나, 뒤늦은 진입으로 하락장에 휘말려 -90%에 이르는 투자 손실이 발생하며 여기저기서 곡소리를 경험하게 되었다.

반면에 오래 전부터 코인 시장에 진입해 있는 사람들이 있었다. 소위 말하는 '코인 갑부'가 된 사람들이다. 개발자 출신이라서, 흥미로워서, 아니면 실제로 디지털 화폐의 미래를 긍정적으로 생각해서 등 이들이 일찍 코인 투자를 시작한 경로는 다양하다. 어떤 이유든 암호 화폐에 일찍 진입한 사람들은 큰 부를 얻었다.

이들은 모험에 가까운 과감한 투자를 했기에, 나중에 투자자들이 몰려와 시장이 뜨거워졌을 때 몇 배 또는 몇십 배 수익을 올리며 매도를 할 수 있었다.(만일 초기에 산 코인을 지금까지 보유하고 있는 투자자가 있다면 그가 얻은 수익은 상상하기도 어려울 정도일 것이다.) 문제는 이런 상황은 종료되었다는 점이다. 뒤늦게 이들의 신화(神話)를 보고 진입하는 사람들은 다른 자세로 접근해야 한다. 본인이 선도적인 투자자(First mover)가 아닌 추격자(Follower)라고 생각된다면 좀 더 보수적인 자세로 투자를 해야 한다는 이야기이다.

5년 전 암호 화폐 투자 시장과 복사판인 NFT 투자 시장! 역시 문제는 타이밍이다

코인 시장에서 손해를 본 사람들 대부분은 이미 정보가 널리 퍼진 상태에서 진입한 경우가 많다. 투자 타이밍에 대한 검증을 적절히 하지 않았을 것이고, 특히 남들은 다 투자로 돈을 버는 것 같은데 나만 못 버는 것 같아 불안해서 성급하게 진입한 사람들이 큰 손해를 보았다.

다시 NFT 시장으로 눈을 돌려보자. '코인으로 돈을 번 이야기'

가 매일 인터넷 포털과 뉴스를 장식했듯 지금은 NFT가 사람들의 입에 오르내리고 있다. NFT로 무언가를 발행하여 막대한 수익을 벌었다는 얘기는 너무 흔하고, 수많은 대기업들이 너도나도 NFT 시장의 한 축을 차지하기 위해 적극적으로 뛰어들고 있다.

이런 상황에서 초기 투자자인 당신은 어떤 액션을 취할 것인가? NFT 시장에 진입하기에 늦은 것인지 적절한 타이밍인지 신중하게 생각한 뒤 투자 규모를 정해야 한다. '다시 한 번 쉽게 돈을 벌 수 있는 시장이 왔다.'라는 생각은 위험하다.

모든 사람들이 이미 알고 있는 정보는 투자의 업사이드(Upside, 투자 상향폭)도 좁을 뿐더러, 기관이나 세력의 매도 타이밍인 경우가 많다. 또 일부 세력들은 돈을 벌었다는 사례를 홍보하고, 정보를 의도적으로 흘려 대중의 진입을 유도한 뒤 이를 악용하여 자신들의 수익을 실현하는 수단으로 삼는다는 점도 잊지 말자. 순진한 초보 투자자는 이들의 희생양이 될 가능성이 높다. 돈이 몰리는 곳에는 보통 함정이 존재한다는 진리를 마음에 새길 때다.

NFT에 대한
기술적, 개념적 이해

    NFT 투자를 시작할 때 기술적인 부분을 이해하는 것은 중요하다. 이 과정을 통해 어떻게 NFT가 존재할 수 있는지, NFT는 앞으로 어떤 방향으로 나아갈지, 기술적으로 어떤 부분이 보완되면 더 완성도 높은 모델이 될 수 있는지 등을 파악할 수 있기 때문이다.

    지금부터 기술적으로 이더리움 기반의 NFT가 탄생한 배경과 발전되고 있는 부분에 대해 설명하겠다. 다소 전문적인 내용이라 여겨질 수도 있지만, 내 자산의 향방을 좌우하는 일이라 생각하면 공부하는 시간이 절대 아깝지 않을 것이다.

NFT의 기반이 되는 이더리움이란?

우리가 알고 있는 '이더리움 코인'은 이더리움(Ethereum)이라는 블록체인 네트워크 상의 코드이다. 가상 화폐 거래소에서 거래되는 이더리움은 ERC-20으로 이루어진 토큰으로, 여기에서 ERC는 Ethereum Request for Comment(이더리움 개선 제안 평가)의 약자이다. ERC는 새로운 아이디어를 제시하고, 이에 대한 유저들의 평가를 받는 과정인데, 여기에서 사람들의 동의를 얻으면 새로운 기준이 될 수 있다. 이더리움 블록체인 상에서 스마트 컨트랙트*를 생성하고 발행하는 표준도 이 과정을 통해 결정된다.

ERC를 받기 위해서는 EIP(Ethereum Improvement Proposals, 이더리움 개선 제안) 과정을 거쳐야 한다. 시스템 개선을 제안한 뒤 그 제안을 평가받는 순서라고 생각하면 쉽다.

EIP는 이더리움 블록체인 시스템을 만든 러시아 프로그래머 비탈릭 부테린(Vitalik Buterin)이 창안한 초기 버전의 이더리움을 바탕으로 플랫폼을 더욱 발전시키는 방향으로 제안된다. 이더리움 네트워크 개발자들은 깃허브(Github)라는 개발자 커뮤니티를 통해 적극적인 제안을 하고 있으며 이렇게 이더리움 네트워크는 점차 더 나은 기술을 적용하게 된다.

---

* '스마트 계약'이라고도 하며, 금융 거래, 부동산 계약, 공증 등 다양한 형태의 계약을 블록체인 기반으로 체결하고 이행하는 것을 말한다.

EIP는 코드 순번에 따라 뒤에 숫자를 붙여 EIP-2, EIP-3 등의 형태로 발전한다. 오리지널 코드에서 변형되는 형태로 움직이게 되고, 점차 기술적으로 발전하는 구조를 갖추고 움직인다. EIP 작성자는 이더리움 커뮤니티에서 본인의 EIP에 대한 기술적 사양 및 근거를 제공하여 커뮤니티의 합의를 요청한다. 이렇게 커뮤니티에서 수정, 주석 처리, 승인을 받아 ERC의 표준이 되면 공식적인 ERC 코드의 표준으로 자리잡을 수 있다.

EIP에는 세 가지 종류가 있는데 'Standard Track EIP', 'Informational EIP', 'Meta EIP'이다. ERC 기반의 표준은 Standard Track EIP에 해당된다. Informational EIP는 이더리움의 정보를 위주로 다루는 권고적인 성향으로, 기능적인 부분을 다루지는 않는다. Meta EIP는 이더리움 주변의 프로세스를 설명하고 변경하는 부분을 다룬다.

이렇게 이더리움의 기술력은 발전하며 EIP-20에 이르게 되었다. EIP-20은 2015년, 프로그래머 파비안 보글스텔러(Fabian Vogelsteller)가 제안한 것으로, 현재 사용되고 있는 이더리움의 표준이 되어 디앱 탄생에 일조하였다.

ERC-20을 기반으로 생성된 토큰들은 상호 호환이 가능하여 이더리움 지갑으로 전송할 수 있다. 지금 우리가 알고 있는 암호 화폐의 형태는 대부분 ERC-20을 기반으로 한다고 보면 된다. 또한, 스테이블코인(Stablecoin)*이라는 콘셉트가 소개되며 현재 가장 많이 쓰이는 USDT(USD테더) 등의 스테이블 코인의 존재가 등장하는 기반을 마련하였다. 이렇게 EIP-20로 인해 탄생한 ERC-20은 전 세계인들이 암호 화폐 세계로 진입할 수 있는 기반을 제공하였다. 그리고 약 2년 뒤인 2017년, 암호 화폐 붐이 일며 블록체인 역사에 한 획을 그었다.

대체 불가능한 토큰(NFT)의 탄생

사람들이 통상적으로 알고 있는 '이더리움 코인(ETH)'은 ERC-20 기반의 이더리움이다. ERC-20 기반의 토큰들은 '대체 가능한' 토큰이다. 하나의 이더리움은 다른 이더리움과 동일한 가치를 가지도록 설정되어 있으며, 이를 '펀저블(Fungible, 대체 가능)하다'고 말한다.

NFT는 Non-Fungible Token, 즉 '대체 불가능한' 토큰이라는 뜻이다. 그래서 내가 가진 토큰 하나는 다른 사람의 토큰 하나와 다른 가치를 가진다. 각기 다른 자산과 페깅(Pegging)** 되면서 각각의 NFT가 다른 가치를 지니게 되는 것이 바로 ERC-721이며, 이에 따라 ERC-721은 NFT를 위한 새로운 표준이 되었다. ERC-721은

＊　달러화 등 기존 화폐에 고정 가치로 발행되는 암호 화폐
＊＊ A자산과 B자산의 가치를 일정하게 고정하는 것

ERC를 기반으로 하여 NFT를 위해 창안된 기준으로 NFT를 통해 발행되는 각각의 자산에 대한 유니크함, 즉 다른 가치를 부여할 수 있도록 설계되었다.

EIP-721은 2018년 1월에 등장하였다. 당시 제안된 내용은 대체 불가능한 토큰의 개념과 이를 트래킹하고 거래할 수 있는 기본적인 기능들이었다.

ERC-721을 도입해서 큰 유명세를 얻은 것이 바로 '크립토 키티(cryptokitties.co)'이다. 당시 폭발적 관심과 인기를 끈 크립토 키티는 역설적이게도 이더리움 시스템을 기반으로 한 디앱의 한계를 보여주었다. 블록체인 사용자가 한순간 폭발적으로 증가했을 때 트래픽을 감당할 수 없었기 때문이다. 이 일로 프로그래머들은 블록체인 기술 발전의 방향성을 '더 많은 이들이 한꺼번에 이용할 수 있는 네트워크 구축'으로 잡았고, 그 후로 시장 규모는 빠르게 확대되었다. NFT 시장과 기술은 지금도 계속 성장하고 있으며, 2022년 거래량은 5조 원을 초과할 것이라는 전망도 나오고 있다.

이더리움의 한계는?

ERC-721은 NFT의 표준으로서 스마트 컨트랙트를 통해 NFT를 연동할 수 있는 API(Application Programming Interface)*를 제공한다.

ERC-721은 NFT를 전송하고 추적할 수 있는 기본적인 기능이 있다. 각각의 NFT는 다른 NFT와 동일하지 않기에 NFT는 디지털 자산과 물리적 자산의 NFT에 대한 기본적인 소유권을 증명할 수 있다. 부동산, 예술품, 유니크한 콘텐츠, 금융 상품 등과 같은 다양한 분야에 NFT를 적용할 수 있는 이유다. NFT는 암호 화폐 지갑을 통해 판매 혹은 경매할 수 있으며, 같은 방식으로 소유권도 이양할 수 있다.

하지만 NFT의 표준인 ERC-721는 이더리움을 기반으로 하는 플랫폼이므로 한계가 존재한다. 앞에서 예시로 든 크립토 키티와 같은 확장성(Scalability) 문제가 가장 크고, 블록체인 간의 상호 호환성(Interoperability)도 아직 완전히 해결되지 않았다. 이러한 문제들은 이용자들의 금전적 손실로 이어질 수 있기에 하루빨리 개선되어야 한다.

투자에 있어 간과해서는 안 될 이더리움의 한계가 또 있다. 거래량이 많아질수록 수수료가 증가한다는 점이다. 최근 NFT와 디파이 사용자가 증가함에 따라 사용자들이 몰리는 시간대에는 수수료가 폭등하여 거래하는 가격 이상의 수준까지 상승할 때도 있었다. 소액 투자자들은 높은 수수료에 부담을 느낄 수밖에 없으며 이로 인해 대중적인 이용에 큰 제한이 있다.

---

* 응용 프로그램 프로그래밍 인터페이스. 컴퓨터나 컴퓨터 프로그램 사이를 연결하는 프로그램이다.

알고 있으면 유용한 ERC 표준

ERC 표준 중 몇 가지 참고할 만한 부분들을 소개한다.

ERC-1155: ERC-721이 단일 계약을 통한 수수료를 부담하는 구조이기 때문에 NFT가 대량 확산되기에는 한계가 있었다. 특히 높은 수수료는 사용자들에게 큰 부담을 주었다. 이에 Enjin(엔진코인) 프로젝트는 EIP-1155를 제안하여 ERC-1155를 탄생시킨다.

ERC-1155로 단일 계약을 통해 ERC-20과 ERC-721을 무한히 발행할 수 있는 구조의 NFT가 탄생했으며, 많은 사용자들이 시장에서 NFT를 발행하고 거래할 수 있도록 진입 장벽을 제거하고 창작자라면 누구나 NFT를 발행하며 참여할 수 있는 구조가 만들어져 지금 형태의 NFT 시장으로 발전했다.*

EIP-2981: 최근 NFT 수수료에 대한 불만이 나타나면서 개선책이 논의되고 있다. ERC-721이나 ERC-1155는 이미 NFT 민팅에 대한 데이터를 다루고 있기 때문에 수수료(Royalty) 부분에

---

* ERC를 통해 거래되는 것은 NFT 토큰 자체이다. NFT가 표상하는 디지털 파일이나 실물 자체를 온체인(On-chain, 블록체인 네트워크에 거래가 기록되는 것)하는 것은 어렵기에(현물은 현실적으로 불가능하고, 파일은 용량이 크기에 어렵다.) 썸네일로 올라가거나 IPFS 탈중앙화 서버에 파일을 올리고 링크만 온체인되는 경우가 많다.

대하여 상세하게 설정하기 어렵다는 한계가 있다. 그래서 EIP-2981이라는, 수수료에 집중한 코드를 통해 다양한 측면에서 더 상세하고 복잡한 구조의 수수료를 설계할 수 있는 기능을 제안하고 있다.

EIP-3675: 이더리움 네트워크 대중화를 위해 창안된 내용이다. 더 효율적으로 글로벌 스케일로 확장할 수 있으며, 낮은 수수료에 더 빠른 거래를 처리할 수 있는 버전의 네트워크가 제안되었다. 초기에 설계된 Proof-of-Work(PoW, 작업 증명)*에서 Proof-of-Stake(PoS, 지분 증명)**의 형태로 진화하는 구조이다. EIP-3675는 '이더리움 2.0'으로 불리며 기대를 한 몸에 받고 있다. 이 제안이 성공적으로 안착될 경우, 블록체인의 암호화 특성과 높은 보안력을 유지한 채 더 많은 사용자의 수요를 감당할 수 있고 더 효율적이고 편리한 환경에서 블록체인을 접할 수 있을 것으로 보인다.

---

* 작업 증명 방식에서는 네트워크 참여자들에게 일을 했다는 것을 강제로 증명하게 함으로써 화폐의 가치와 보안을 보장한다. 비트코인이 이 방식을 사용하고 있는데, 거대 자본이 여러 대의 컴퓨터를 동원해 채굴 시설을 운영하면 소수에 의해 시장이 장악될 수 있다는 단점이 제기되어 왔다.
** 지분 증명 방식에서는 네트워크 참여자가 가지고 있는 지분의 양이 클수록 블록을 채굴할 가능성이 높아진다. 이 방식 아래에서 소수가 이권을 독점하기 위해서는 100조 원 이상의 큰 자본이 필요하기에 작업 증명 방식에 비해 중앙 집권화가 어렵다는 장점이 있다.

5 NFT 투자 설명서

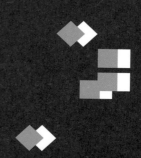

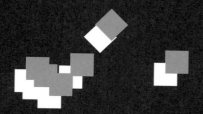

NFT 거래소별
성향

우리나라 투자자들에게 가장 널리 알려져 있는 플랫폼은 오픈시(Opensea)이지만, NFT 거래소는 거래되는 상품의 형태에 따라 여러 종류가 있다. 각 거래소별 특성을 파악하여, 목적에 따라 알맞은 플랫폼을 이용하자.

개방형 거래소: 오픈시(opensea.io)

2022년 현재 가장 널리 알려져 있고, 많은 사용자를 보유한 NFT 거래소이다. 2022년 2월에만 약 1억 명이 오픈시에 방문했다. 오픈시는 '개방형 거래소'에 속하는데, 개방형 거래소란 특별한 자

오픈시 메인 화면

격이나 조건 없이 누구나 NFT를 판매하거나 구매할 수 있는 거래소를 말한다.

　오픈시는 '최대 규모의 NFT 마켓'이라는 명성에 걸맞게 거래가 가장 빈번하게 일어나고 있으며 그만큼 NFT에 대한 수요와 공급이 원활하다. 또한 NFT 민팅과 거래가 사용자 입장에서 간편하게 진행될 수 있도록 설계되어 있어 초보자도 쉽게 사용할 수 있다는 장점이 있다.

　NFT 투자를 시작하면 가장 먼저 이용하게 될 플랫폼인 만큼, 오픈시의 정책에 대해 좀 더 자세히 알아보자.

　(1) 오픈시의 수수료 시스템

　NFT 거래소를 이용할 때는 수수료가 발생한다. 크게 세 가지로 구분할 수 있는데 ①블록체인 가스비 ②거래소 수수료 ③로열티 수수료이다.

첫째, 블록체인 가스비는 두 가지 형태로 지불한다. 먼저 초기에 계좌를 활성화하기 위한 일회성 가스비가 청구되는데, 최대 30만 원까지 지불한다. 네트워크 상황에 따라 다르지만, 이는 한 번 지불하면 다시 지불하지 않는다.

민팅한 NFT를 판매하기 위해 등록할 때도 매번 가스비를 지불해야 한다. 다만 오픈시는 NFT를 생성할 때는 수수료를 받지 않는다. '레이지민팅(Lazy minting)'이라는 사용자를 고려한 측면의 기능 덕분이다. 원래는 민팅을 하면 블록체인 상에 이를 등록해야 해서 가스비가 발생하는 것이 당연하지만, 래이지민팅 기능은 민팅은 자체적으로 진행하되, 판매를 하기 위하여 리스팅을 할 경우에 블록체인 네트워크에 등록하는 시스템이다. 따라서 판매를 목적으로 블록체인 네트워크에 NFT를 등록하는 시점에 가스비가 부과된다. 등록할 때 가스비는 많을 경우 3만~4만 원 정도가 부과된다.*

둘째, NFT를 판매하면 거래소에 지급하는 거래소 수수료가 별도로 발생한다. 통상 거래 체결 금액의 2.5%에서 5% 수준의 수수료를 부과하며, 오픈시는 판매가의 2.5%를 수수료로 받는데 타 거

---

* 초기에는 오픈시와 래러블(rarible) 등 몇몇 대형 거래소에서만 래이지민팅을 지원했으나, 2022년 5월 현재 중소 규모의 NFT 거래소에서도 도입하는 분위기다.

래소에 비해 저렴한 편이다.(이 수수료는 이어 이야기할 로열티 수수료 안에 포함된다.)

셋째, 로열티 수수료는 블록체인 상의 창작자에게 지불하는 것이다. NFT가 1차 판매자에서 2차, 3차 등으로 판매가 진행될 경우, 최초 창작자에게 로열티를 지불하게 된다. 오픈시에서 이 로열티는 판매 금액의 최대 10%로 설정할 수 있다.

(2) 오픈시에서 거래되는 화폐

오픈시에서는 법정화폐*로 NFT를 거래하는 것이 불가하다. 암호 화폐를 통한 거래만 허용하며, 약 150종의 다양한 암호 화폐를 지원한다. 그중에서도 이더리움이 가장 보편적으로 사용되는데, 이더리움의 수수료는 낮은 편이 아니기 때문에 NFT를 거래하고자 하면 가스비까지 미리 계산에 넣고 진행하는 것이 현명하다.

이더리움 기반의 NFT 시장 규모가 가장 크기 때문에, 많은 사용자들은 높은 수수료를 감수하면서 이더리움 시장에서 거래를 한다. 수수료가 낮은 블록체인 NFT 시장에서 거래하게 되면 비용은 절감할 수 있지만 좋은 아이템이 있어도 구매자가 없는 상황이 발생할 수도 있기 때문이다.

---

* 각 국가의 중앙은행에서 발행하고 보증하는 화폐(원화, 달러, 위안화 등)

물론, 그럼에도 높은 수수료는 사용자들에게 NFT 시장 진입에 부담을 준다. 뒤에서 가스비를 절감하는 방법에 대해서도 설명할 예정이니 참고하자.

한편, 오픈시에서는 높은 수수료에 대한 문제를 개선하기 위해서 최근 폴리곤(MATIC) 기반의 레이어2 마켓 거래 기능이 추가되었다. 폴리곤은 이더리움과 호환되는 레이어2 또는 사이드체인이라 불리며 이더리움보다 낮은 가스비와 빠른 처리 속도를 지원한다. 레이어2와 블록체인 가스비에 대한 부분 또한 뒤의 메인넷 부분에서 한 번 더 설명하겠다.

개방형 거래소: 래러블(rarible.com)

래러블은 2022년 2월 한 달 동안 1만 명 이하의 사용자들이 방문하였다. 오픈시 대비 매우 적은 숫자이긴 하나, 래러블만의 매력 포인트는 사용자를 계속 끌어들이고 있다.

래러블은 이더리움 기반의 NFT 거래소인데, 여기서도 역시 암호 화폐를 통한 거래만 지원한다. 다만, 래러블은 오픈시보다 지원하는 암호 화폐의 숫자가 적다. 전략적인 방침에 따라 이더리움, 플로우(FLOW), 테조스(XTZ) 등 오픈시와 다른 블록체인 네트워크를 지원한다. 래러블도 오픈시처럼 '래이지민팅'을 도입하여 NFT를

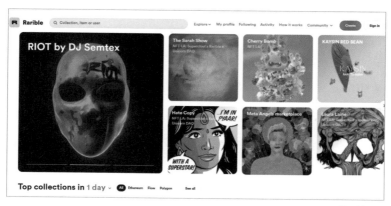

래러블 메인 화면

민팅할 때는 가스비를 지불하지 않을 수 있다.

　래러블의 매력 포인트는 높은 로열티다. 오픈시는 최초 민팅 시 창작자의 로열티가 최대 10%인 반면, 래러블에서는 최대 50%의 로열티까지 설정할 수 있어 창작자들이 더 많은 수익을 가져갈 수 있는 구조를 갖추고 있다. NFT 민팅과 거래가 간편하도록 시스템이 설계되어 있고, 커뮤니티가 활성화되어 있는 점 역시 래러블의 장점이다. 특히 블록체인 기술을 활용한 자체 거버넌스 기능을 도입하여 래러블 커뮤니티 일원들로 하여금 의사 결정에 참여하는 형태로 운영하고 있는 점, 메시징 기능도 탑재하고 있어 원활한 커뮤니티 활동을 지원하는 점이 사용자들에게 장점으로 여겨진다.

개방형 거래소: 아토믹 허브(atomichub.io)

아토믹 허브는 '왁스(WAX)'라는 블록체인 기반의 거래소이다. 왁스는 'Worldwide Asset Exchange'의 약자로, NFT 전용 네트워크이다. 왁스는 네트워크 사용자들이 안전하고 편리하게 블록체인을 사용하여 이커머스 등에서 활용할 수 있도록 설계되었으며, 현재 미국의 메이저리그 베이스볼, 스트리트파이터의 캡콤(Capcom), 아타리(Atari) 등 많은 업체들과 협업하고 있다.

아토믹 허브는 왁스를 기준 화폐로 사용하기 때문에 NFT 거래에 대한 가스비는 낮다. 거래소에서 부과하는 판매 수수료 또한 2%로 매우 낮은 편이라 매력이 있다. 다만, 왁스 네트워크에서 보

©atomichub.io

아토믹 허브 메인 화면

유한 NFT를 이더리움 네트워크로 이동하기 어렵다는 점과 NFT 제작 과정이 다소 복잡하다는 단점이 있다. 초보자 입장에서는 왁스 네트워크를 사용하기 위해서는 일정 수준의 지식이 필요하고 사용하기가 쉽지는 않다.

개방형 거래소: NBA 톱샷(nbatopshot.com)

한때 'NFT와 현실 세계의 연결'이라는 화두로 주목받았던 NBA 톱샷은 NBA의 주요 장면, 영상들을 NFT로 판매한다. NBA 톱샷에서는 신용카드(달러)로 NFT를 구입할 수 있다.

이곳은 플로(FLOW)라는 블록체인 기반의 네트워크를 사용한

NBA 톱샷 메인 화면

다. 플로는 크립토 키티를 출시한 팀에서 구축한 네트워크로 블록체인 앱, 게임 등을 위한 디지털 자산 구축을 목적으로 만들어졌다. NBA 톱샷은 창의적인 아이디어와 NBA의 독보적인 팬층을 대상으로 화제가 되었으나, NBA NFT 팩이 정기적으로 출시되기 때문에 장기적인 측면에서는 가격이 하락할 것이라는 우려의 목소리가 있다.

개방형 거래소: 베베(veve.me)

베베는 유명 브랜드의 NFT를 발행하고 판매한다. 신용카드로 구매할 수 있지만, 베베 전용 앱을 통해서만 NFT 조회나 교환 등

©veve.me

베베 메인 화면

의 활동을 할 수 있다.

베베에서는 마블과 같은 캐릭터들의 고품질 3D NFT 아트를 판매한다. 그러나 앱에서 구매한 NFT를 외부로 이동할 수가 없어서 자체 앱에서만 조회할 수 있다는 단점이 있다. 또한, NFT를 판매할 수는 없고 다른 NFT와 교환만 가능한 구조로 설계되어 있어 투자 목적보다는 수집 목적이 강한 플랫폼이다.

개방형 거래소: 솔시(solsea.io)

솔시는 2021년 하반기에 이더리움의 대항마로 일컬어지며 떠오른 솔라나(Solana) 네트워크 기반의 NFT 거래소이다. 솔라나는 이더리움의 단점인 높은 가스비와 거래 처리 속도 면에서 높은 효율성을 지니고 있다. 따라서 솔시에서 NFT를 등록하거나 거래하는 데 지불하는 가스비는 매우 낮다.(예를 들어 민팅할 때 드는 비용은 20원이 채 되지 않는다.)

솔시에 주목하는 이유 중 하나는 '민팅되는 NFT의 소유권(Ownership)뿐만 아니라, 저작권(Copyright)도 설정할 수 있다.'고 언급하는 점 때문이다. 이는 2022년 5월 현재 이더리움 NFT에서는 아직 도입되지 않은 부분이기에 실현 여부를 지켜볼 필요가 있다.

한편 솔시는 오픈시에 비해 규모가 작고 다뤄지고 있는 NFT의

솔시 메인 화면

수량도 많지 않으며 NFT로 민팅할 수 있는 파일의 유형도 제한이
많다. 또 경매 기능이 없다는 단점이 있다.

개방형 거래소: 프랙셔널아트(fractional.art)

프랙셔널아트는 NFT를 분할하여 민팅하고 사고팔 수 있는 거
래소이다. 이곳에서는 고가의 NFT인 크립토 펑크, BAYC 등을 분
할하여 사고팔 수 있다. 고가의 NFT를 분할하여 소자본 투자가 가
능한 점은 언뜻 좋은 개념처럼 보이지만, 고가의 NFT는 향후 세컨
더리 시장, 즉 2차, 3차 판매까지 고려해야 하기에 신중할 필요가
있다. 지분 구매 희망자가 없을 경우 다시 되팔기가 어려울 수도 있

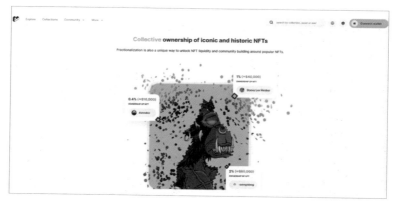

프랙셔널아트 메인 화면

기 때문이다.

본의 아니게 영구 소장을 해야 할 수도 있으니 거래하기 전에 반드시 해당 NFT의 거래 주기를 확인해 보아야 한다.

선별형 거래소: 니프티 게이트웨이(niftygateway.com)

개방형 NFT 거래소와 반대로 아티스트 선별형 NFT 거래소가 있다. 대표적인 곳이 '니프티 게이트웨이'와 '슈퍼레어'다.

니프티 게이트웨이는 인기가 많은 NFT 아트 거래소 중 하나로 미국 유명 연예인, 유명 디지털 아티스트, 유명 브랜드들이 NFT를 판매하고 있기로 유명한데, 패리스힐튼, 에미넴, 데드마우스 등 세

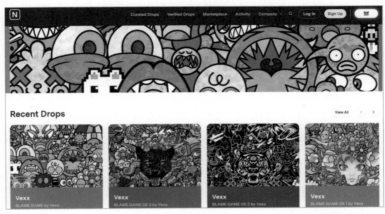

니프티 게이트웨이 메인 화면

계적인 스타들도 여기에서 활동한다. 유명 디지털 아티스트 비플 (Beeple)은 여기에서 〈Politics is Bullshit〉, 〈Crossroad〉 등의 작품을 판매했다.

　니프티 게이트웨이는 이더리움 기반의 NFT를 주로 다루기 때문에 기본적으로 블록체인 가스비는 높다. 니프티 게이트웨이에서는 NFT를 '니프티(Nifty)'라고 부른다. 이곳에서 사용자가 NFT를 판매하기 위해서는 가입 조건이 존재하며, 자체적인 심사를 거쳐야 한다. 그래서 니프티 게이트웨이를 개방형이 아닌 '폐쇄형'이라 부른다. 여러 가지 질문에 답한 뒤에는 본인의 소셜 미디어 계정과 포트폴리오, 작품 웹사이트 등의 심사도 이어진다. 이 모든 과정을 거쳐 합당한 아티스트로서 인정받아야만 거래소에서 NFT를 발행할 수 있는 자격이 주어진다. 그렇기 때문에 작품들은 대부분 초고화질 작품들이 많으며, 이로 인하여 웹사이트 로딩이 오래 걸리기도 한다. 주로 그림, 동영상, 카드 등의 NFT가 거래되고 있다.

니프티 게이트웨이에서는 신용카드(달러)를 통한 거래가 가능하지만, 거래 수수료가 15%로 다른 거래소에 비해 비싼 편이다. 달러로 결제되기 때문에 만약 국내에서 사용하고자 하면 약간은 복잡한 절차를 거쳐야 한다. 판매한 NFT 대금에 대하여 현금 인출을 하기 위해서는 미국의 가상 화폐 거래소인 '제미니 거래소(Gemini. com)' 계정이 필요한데 제미니 계좌가 없을 경우, NFT를 오픈시로 옮겨 이더리움으로 판매를 하고, 이더리움을 국내 거래소로 옮겨 현금화하는 방법을 거쳐야 한다.

많은 거래소들이 해킹 사건을 경험하는데, 니프티 게이트웨이 또한 해킹 사건으로 인하여 구매한 NFT를 도둑맞는 사례가 여럿 발생했다. 이후에 해킹된 NFT들을 회수하는 데 성공했다고 하지만, 개인의 재산을 다루는 만큼 보안에 신경 써야 한다는 교훈을 주었다. 로그인에는 강력한 비밀번호와 이중 보안(2 Factor authentication)을 설정하고, 암호 화폐 지갑의 시드 문구*는 자필로

---

* Seed Phrase, 새로운 장치에서 암호 화폐 지갑에 로그인 할 때마다 적어야 하는 12단어로 이루어진 문구

안전한 곳에 보관하고, NFT 거래소 웹사이트의 진품 여부를 재확인하여 안전하게 거래해야 한다.

선별형 거래소: 슈퍼레어(superrare.com)

또 다른 아티스트 선별형 NFT 거래소로는 '슈퍼레어'가 있다. 슈퍼레어 역시 NFT 판매를 위해서는 마켓플레이스 자체 심사를 거쳐야 하는데, 심사하는 항목은 아티스트 포트폴리오, 웹사이트 등으로 앞에서 알아본 니프티 게이트웨이와 유사하다. 슈퍼레어는 사용 방법이 매우 쉽고 UX/UI가 직관적이며, 커뮤니티가 크게 활

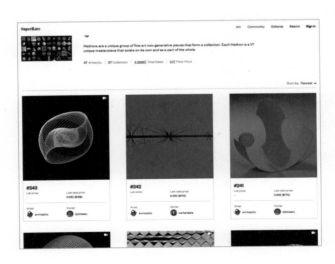

슈퍼레어 메인 화면
© superrare.com

성화되어 있는 점이 특징이다.

　슈퍼레어의 가장 큰 특징은 희귀한 NFT를 판매한다는 것이다. 다른 NFT 거래소에 팔지 않는 싱글에디션 NFT, 그리고 슈퍼레어에서만 거래할 수 있는 '독점' 디지털 아트를 판매한다. 그래서 전문적인 아티스트들에게 인기가 많으며 커뮤니티가 매우 활성화되어 있다. 슈퍼레어의 거래 수수료는 15%로 높은 편이고, 슈퍼레어 역시 이더리움 기반의 NFT를 취급하므로 거래 시 높은 가스비가 발생한다.

선별형 거래소: 파운데이션(foundation.app)

　파운데이션은 아주 심플하고 직관적인 디자인을 보유하고 있다. 이더리움 네트워크 기반의 NFT 파운데이션은 2021년에 출시되었으며, 창작자들과 지지자들 간의 커뮤니티 활동에 포커스를 맞추고 있다. 〈스노든〉이라는 다큐멘터리 영화의 주인공 에드워드 스노든의 첫번째 NFT 'Stay Free'가 발행된 곳이기도 하다.[*]

　'Invite-Only' 즉 초대되는 아티스트나 창작자들만 제품을 올릴 수 있으며, 이미 기존에 NFT를 1개 이상 판매한 판매자가 보내는

---

[*] 이 작품은 2,224이더리움, 당시 약 60억 원에 판매되었다.

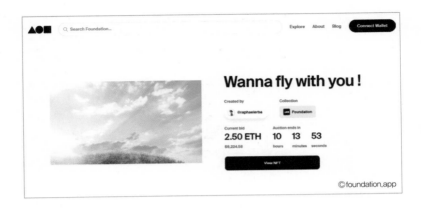

파운데이션 메인 화면

초대장이 있어야만 민팅이 가능한 플랫폼이다. 진입 장벽이 높은 선별형 거래소이지만 이미 26만 명 이상의 멤버가 10만 개 이상의 NFT를 거래하고 있다. 주로 그림과 비디오, 3D 작품들이 거래되고, 15%의 판매 수수료를 부과한다.

이더리움 지갑
'메타마스크' 사용법

 NFT를 거래하려면 탈중앙화 암호 화폐 지갑이 필요하다. 암호 화폐 지갑은 기반 코인에 따라 다르고 종류도 다양하다. 예를 들어, 가장 큰 시장을 점유하고 있는 이더리움 ERC 기반의 암호 화폐 지갑은 통상적으로 메타마스크(Metamask)를 사용한다.

 여기서는 전 세계적으로 가장 큰 시장을 점유하고 있는 이더리움과 메타마스크 위주로 소개하겠다.

1. 메타마스크와 브라우저 연동하기

메타마스크가 기본적으로 수행하는 기능은 블록체인 네트워크와 사용자 간 커뮤니케이션이다. 즉, 사용자가 블록체인 네트워크 상에서 암호 화폐 자산을 보관하거나 타인에게 전송하는 것을 지원한다.

블록체인 서비스를 제공하는 사이트들에는 보통 '지갑 연결(Connect Wallet)' 버튼이 존재한다. 이 버튼을 클릭하여 브라우저를 통해 웹사이트와 지갑이 연결되어야만 웹사이트에서 제공하는 서비스를 사용할 수 있다. 가장 큰 NFT 거래소인 오픈시는 '지갑 연결' 버튼 대신 '로그인' 버튼이 있는데 이를 클릭하면 동일하게 지갑 연결 화면이 뜬다.

©metamask.io

메타마스크 메인 화면

지갑 연결 화면 모습

현재 블록체인 및 NFT 응용 서비스는 이더리움이 기술적으로 완벽하지 않음에도 불구하고 압도적으로 큰 시장을 보유하고 있다. 이더리움 기반 지갑도 여러 가지가 있지만 그중 메타마스크가 가장 많이 쓰인다. 하지만 일반적인 주식거래소나 코인거래소의 인터페이스를 기대한다면 실망할 수 있다.

웹사이트가 완벽하지 않은 만큼, 초기 사용자들이 실수할 수 있기 때문에 이용법을 숙지하고 시작할 필요가 있다.

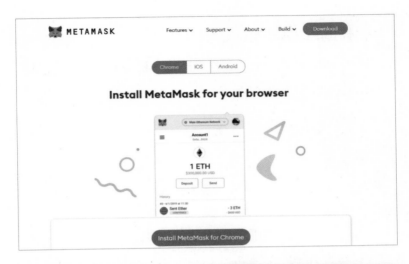

©metamask.io

설치 후 웹브라우저와 연동 확인하기

메타마스크는 'metamask.io' 웹사이트에서 설치할 수 있다. Install(인스톨) 버튼을 클릭하면 크롬 브라우저의 확장 프로그램으로 설치가 된다. 그림의 동그라미 부분처럼 최종적으로 브라우저 우측 상단에 여우 마크가 생겼다면 잘 설치된 것이다.

2. 메타마스크에서 지갑 생성하기

(1) 메타마스크 사이트 내에서 '시작하기'를 클릭하고 '지갑 생성'을 클릭한다.

메타마스크 시작하기

(2) 메타마스크 로그인 비밀번호를 생성한다.

©metamask.io

메타마스크 암호 생성하기

    이는 향후 메타마스크에 접속할 때 또는 다른 중요한 상황에 필요한 비밀번호이다. 이 비밀번호가 노출되면 메타마스크에 보유 중인 자산이 위험할 수 있으니 보안에 주의가 필요하다. 참고로 메타마스크의 비밀번호는 블록체인 상 암호 화폐 지갑의 비밀번호(Private Key)가 아니라, 메타마스크를 관리할 수 있는 비밀번호이다. 일반적인 로그인 비밀번호라고 생각하면 쉽다. 메타마스크 안에서 다수의 블록체인 지갑 주소를 보유할 수 있는데, 각 블록체인 자산에 대한 접근 비밀번호는 별도로 설정해야 한다.

암호를 생성하고 나면 비밀 복구 문구를 생성하는 절차로 넘어간다. 이 단계에서 지갑을 보호하는 방법에 대한 동영상을 시청하라고 안내하는데, 매우 중요한 부분이기 때문에 반드시 시청하길 바란다.

(3) 다음은 비밀 복구 문구를 설정하는 단계다.

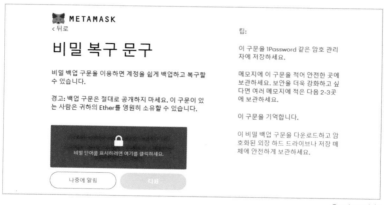

©metamask.io

백업 구문 설정하기

비밀 복구 문구(Secret Phrase)는 앞서 설정한 비밀번호를 분실하였을 경우, 다시 복구할 수 있는 유일한 방법이다. 탈중앙화된 블록체인 생태계에서는 일반적으로 개인정보나 데이터를 중앙화된 포

백업 구문 확인하기

털서비스처럼 저장하지 않는다. 비밀번호를 분실했을 경우 다른 포털 사이트로 이메일을 보내어 비밀번호를 복구할 수 없다는 이야기이다.

커뮤니티에는 10년 전 비트코인을 채굴했지만 비밀 복구 문구를 분실하여 몇백, 몇천 억 원 단위의 금액을 영원히 분실했다는 유명한 일화들이 있다. 비밀번호는 안전한 곳에 잘 보관해 두자.

(4) 지갑 생성이 완료되면 다음과 같은 화면이 뜰 것이다.

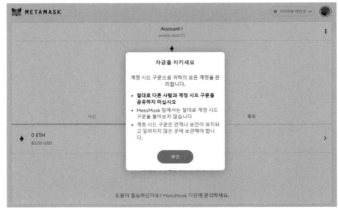

©metamask.io

지갑 생성 완료 알림 화면

생성된 지갑은 브라우저 창에서도 볼 수 있고, 우측 상단의 메타마스크 아이콘을 클릭하면 팝업창이 뜨며, 간소화된 창에서 동일한 기능을 수행할 수 있다.

©metamask.io

3. 지갑 추가와 관리

메타마스크라는 지갑은 블록체인 네트워크와 연결하여 활동을 지시하고, 이에 대한 결과값을 유저에게 보여주는 '인터페이스' 역할을 한다. 다수의 블록체인 컨트랙트(블록체인 지갑)가 메타마스크로 연결되어 보여지는 것이라고 생각하면 쉽다. 따라서 메타마스크 내 다수의 블록체인 계정을 생성할 수 있고, 많은 계좌로 분리하여 관리할 수 있다.

각 블록체인 지갑의 이름은 원하는 대로 변경할 수 있다.

©metamask.io

지갑 추가 생성하기

각각의 블록체인 지갑은 '블록체인 컨트랙트 주소'를 가진다. 컨트랙트 주소란, 블록체인 상에 기록된 입금, 송금 등의 다양한 활동을 유저들에게 보여주는 것이다. 나의 컨트랙트 주소는 오른쪽에 있는 점 세 개를 클릭하면 '계정 세부 정보'에서 확인할 수 있다.

> ※ 컨트랙트 주소 관리하기
> 컨트랙트 주소를 알고 있으면 계정의 주인이 아니라도 이더스캔(etherscan.io)에서 언제, 어떤 활동이 있었는지 조회할 수 있다. 혹시 다른 사람들이 내 기록을 조회하길 원하지 않는다면 자산을 거래하는 상대 외에는 컨트랙트 주소를 공개하지 않는 것이 좋다.(다만, 컨트랙트 주소를 안다고 해서 그 주소가 누구의 소유인지는 온라인 상으로는 알 수는 없다. 대부분의 블록체인 프로젝트는 이메일 외 다른 개인 정보를 수집하지 않기 때문이다.)

여기서 주의할 점이 하나 있는데, '비공개 키(Private Key)' 유출이다. 이 비공개 키는 계정에 접근하고 통제할 수 있는 비밀번호이다 (보통 PK라고 부른다). PK를 다른 사람이 획득할 경우, 해당 컨트랙트에 있는 자산을 전부 훔쳐갈 수 있다. 따라서 타인과 암호 화폐 관련 거래를 할 경우, 컨트랙트 주소는 공개해도 되지만 PK는 절대 공개해서는 안 된다. PK는 로그인 할 때 설정한 비밀번호를 누르면 조회가 가능하다.

©metamask.io

비공개 키 조회하는 방법

'Etherscan에서 계정 보기'를 누르면 그동안 진행된 활동들을 확인할 수 있다. 입금, 출금, NFT를 구매했을 경우 해당 기록을 모두 여기에서 확인할 수 있다.

이더스캔 계정 보기 메뉴를 통해 내 정보 확인

4. 오픈시와 지갑 연동하기

이제 오픈시에 접속해 보자. 이때 브라우저의 오른쪽 상단의 메타마스크 버튼이 활성화되어 있어야 한다.

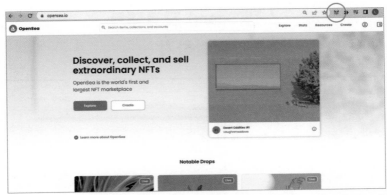

오픈시에 접속했을 때
메타마스크 버튼이 활성화되어 있어야 NFT를 거래할 수 있다.

메타마스크가 준비되었다면 본격적으로 NFT 플랫폼에서 거래를 진행할 수 있다. 본인이 원하는 콜렉션과 작품을 선택하고 구입, 경매 등을 클릭하면 여러 번 승인이 필요한데, 일반적으로 초기 계좌 활성화, 구입할 때 가스비에 대한 승인을 요청한다.

스캠(Scam) 프로젝트
감별하기

암호 화폐 투자 붐이 일었을 때도 마찬가지였지만, 많은 자금과 사람이 몰리면 시장에는 어김없이 이를 이용하는 사기꾼이 등장한다. 시장 상황에 대해 면밀히 알지 못하는 초보 투자자들은 교묘한 사기를 걸러내기 힘든 것이 사실이다.

앞서 여러 번 언급되었던 BAYC만 해도 많은 패러디 NFT가 등장하고 있다. 이런 패러디들은 단순히 돈을 모으기 위해 NFT를 발행하는 경우가 대부분이다. 어느 정도 팔아서 이익을 챙기고 나면 발행자가 사라져버리는 경우가 많으니 주의해야 한다.

스캠(Scam, 사기) NFT는 가격대가 낮게 형성되어 있어 가격을 보고 혹해서 고민 없이 바로 사버리는 경우가 많다. 하지만 진짜와

**BAKC의 패러디 NFT 웹사이트. 법적 이슈를 피하기 위해서인지
'BAYC나 BAKC와 관련이 없다.'고 쓰여 있지만 자세히 보지 않으면 알아차리기 힘들다.**

비교해 보면 조금 저렴한 수준이 아니라 그야말로 '엄청난' 가격 차가 있기 때문에 이성적으로 판단해야 한다. 가짜 NFT를 구매할 경우, 구매 수요가 없다 보니 파는 것이 거의 불가능하다.

지금부터는 성공적인 NFT 투자의 기본인 스캠 프로젝트를 걸러내는 방법을 알아보겠다

오픈시에서 주요 지표 확인하기

오픈시에서 마음에 드는 NFT를 발견했다면 기본적인 지표를 먼저 확인해야 한다.

(1) NFT의 가격

첫 번째 룰은 매우 간단하다. NFT가 마음에 드는데, 내가 알고 있는 것보다 가격이 지나치게 매력적이라면(저렴하다면) 스캠이나 모조품일 가능성이 있다. NFT는 수요와 공급의 네트워크가 형성되어 있어 좋은 딜일수록 구매자와 판매자의 밸런스가 적절히 형성된다.

BAYC의 저가는 2022년 5월 현재 98이더리움 이상으로 형성되어 있지만, 모조품은 0.1이더리움에도 거래된다. 알려진 유명세나 퀄리티에 비해 유난히 낮은 가격의 NFT가 있어서 매력적으로 보인다면 정보를 더 검색해 보길 권한다. 물론 저평가된 NFT일 수도 있지만 모조품일 가능성도 있으므로 서둘러 구매 버튼을 누르지 말고 인내심을 갖고 리서치를 더 해보아야 한다.

고가임에도 불구하고 가격 상승 여지가 있다고 판단해 투자를 결정한 경우에도 자료 리서치는 필수이다. 내 눈에 매력적으로 보였다면 이미 누군가의 눈에도 매력적으로 보였을 확률이 높으므로, 초보자라면 가급적 자료가 많이 확보된 NFT를 거래하길 권한다.

나의 소중한 투자금을 지키기 위해 다양한 방법으로 NFT와 해당 프로젝트의 진위 여부를 파악하자.

(2) 홀더 수 및 거래 현황

앞에서 언급했듯 NFT 투자에서 가장 중요한 요소는 그 프로젝트를 지지하고 있는 커뮤니티이다. 프로젝트 공식 홈페이지나 로드맵을 확인해 보면 총 몇 개의 NFT가 발행되었고, 몇 명의 홀더들이 NFT를 구매했는지 알 수 있다.

오픈시에서 보이는 NFT 발행 수와 홀더 수가 프로젝트에서 공식적으로 발표한 내용과 일치하는지 확인하고, 최저가(Floor price)와 거래 규모(Volume traded) 등을 통해 최근에 거래된 내역들을 확인한다. 액티비티 탭(Activity tab)을 누르면 최근에 일어난 거래를 알 수 있고, 얼마나 거래가 자주 일어나고 있는지, 거래 규모는 얼마나 되

©opensea.io

BAYC 프로젝트 메인 화면

오픈시에서 볼 수 있는 거래 이력 화면

는지 등의 정보를 확인할 수 있다.

모조품 프로젝트들은 액티비티 탭을 누르면 거래 이력이 매우 적거나 아예 없는 경우가 많다. 급조해서 론칭하고 빨리 팔아버리려는 의도가 있기 때문이다.

웹사이트 확인하기

프로젝트의 웹사이트에서는 작가와 작품의 신뢰도를 확인할 수 있다.

(1) 프로젝트, 작가의 오피셜 웹사이트 확인

프로젝트의 진정성을 확인하기 위해서 웹사이트를 꼭 확인하

자. 제대로 된 NFT 프로젝트의 웹사이트에는 많은 정보가 들어간다. 프로젝트의 전반적인 스토리와 로드맵, 달성하고자 하는 미션, 팀에 대한 간략한 정보, 유틸리티 토큰이 있다면 백서 등 다양한 정보가 있다.

여기서도 다양한 유형의 스캠이 존재하는데, 타 프로젝트를 복사하여 웹사이트 자체를 복제품으로 만들거나 타 프로젝트의 백서, 토큰 구조 등을 그대로 복사해서 붙여 넣고 자금을 모집하는 경우이다.

단순하지만 정확한 식별 방법은 웹사이트를 면밀히 살피는 것이다. 보통 스캠 프로젝트의 웹사이트는 제대로 작동하지 않는 경우가 많다. SNS나 커뮤니티 버튼이 비활성화되어 있거나, 메뉴를 클릭하면 메뉴가 실행되지 않는 경우, 백서 등 문서들이 열리지 않는 경우, 서체나 이미지의 해상도가 떨어지는 등 퀄리티가 매우 낮다면 의심해 보자.

(2) 기술 문서 확인

정상적으로 기술을 개발하며 제품을 론칭한 프로젝트들은 보통 깃허브(github.io)를 통해 본인들이 오픈할 수 있는 수준의 코드를 공개한다. 본인들이 해결하고자 하는 숙제를 공유하며 개발자 커뮤니티를 형성하거나 개발자들 간의 협업이 이루어지기도 한다.

깃허브나 웹사이트에 기술적 문서들이 게시되어 있는 경우는 정상적인 범주 내에서 개발자들을 보유하고 장기적으로 기술을 개발하고 있다는 방증이므로 신뢰할 수 있다. 물론, 다른 코드를 복제하는 경우도 있으니 유의해야 한다.

(3) 법적 문서 확인

웹사이트 상에서 확인할 수 있는 법률 관련 방침들, 예를 들어 서비스 이용 약관, 개인정보 처리 방침, 특허 등 관련 내용에 대한 명시가 있는 경우 제대로 된 서비스를 할 생각이 있는 것으로 판단할 수 있다.

프라이빗이나 블록딜을 통해 투자를 하는 전문 투자자들이 주로 확인하는 문서들이라 초보 투자자들에게는 익숙하지 않을 수 있으나, 법적 책임자와 창업자, 투자 계약 과정, 특허 소유권, 토큰의 락업(Lock-up)* 기간, 프로젝트의 정량적 목표(KPI), 퍼블릭 지갑, 감사 보고서 등의 문서는 반드시 확인하자.

---

* 코인의 총 발행량 중, 발행자가 가진 물량을 일정 퍼센트만큼 매매할 수 없게 하는 것. 가격 폭락을 막는 장치다.

프로젝트와 아티스트의 커뮤니티 확인하기

무엇보다 중요한 것은 프로젝트와 아티스트의 SNS 및 커뮤니티 확인이다. 웹사이트가 어느 정도의 신뢰도를 제공하고 있다면, 웹사이트에서 제공하는 프로젝트 공식 운영 SNS 채널, 커뮤니티, NFT를 판매하는 오픈시 주소를 방문하자. 이 링크들을 통해서 들어가면 적어도 모조 커뮤니티로 유입되어 잘못된 정보를 받을 위험은 없다.

잘못된 커뮤니티에서 주는 링크를 클릭할 경우, 개인 정보 및 지갑 주소, 심지어는 자산까지도 탈취당할 우려가 있으니 반드시 정식 커뮤니티(Official community) 링크를 통해 들어가야 한다.

블록체인에서는 가장 중요한 부분이 커뮤니티라고 해도 과언이 아니다. 프로젝트의 커뮤니티에 진입하여 진성 유저의 비중, 프로젝트 지지 비율, 얼마나 활동적으로 커뮤니티와 소통하고 있는지, 커뮤니티 일원들이 어떠한 혜택을 받고 있는지 등을 살펴보아야 한다.

BAYC를 필두로, 최근 NFT들은 홀더들에게 다양한 혜택을 제공하고 있다. NFT 홀더가 되면 커뮤니티의 일원이 되어 토큰 에어드롭, 온오프라인 행사 참여, 추가 NFT 에어드롭, 크고 작은 굿즈 수령 등 다양한 혜택을 누릴 수 있다. 물론 너무 희망적인 감언이설로 투자자 유입에만 열을 올리는 프로젝트보다는, 기존에 제시된 로드맵을 꾸준히 지켜나가는 프로젝트를 더 신뢰할 수 있다.

NFT 프로젝트들은 주로 트위터나 디스코드를 활용하여 소통한다. 정식 트위터 계정과 디스코드, 여기에 더해 미디엄(medium. com), 텔레그램, 인스타그램, 페이스북, 유튜브 등 SNS 채널이 운영되고 있는지도 확인하자. 개인 아티스트들도 본인의 트위터, 틱톡, 인스타그램 등의 커뮤니티들을 운영하고 있는 경우가 많으니, 작가가 어떤 스타일인지, 작품 보유량은 어느 정도 되는지 등의 정보를 확인한 후 구매하는 것이 좋다.

작가의 커뮤니티를 소개하는 페이지

지금까지 언급한 내용을 확인하고 나면, 내가 선택한 NFT 프로젝트가 장기 투자할 만한 것인지 단기성으로 투자할 만한 것인지도 가늠할 수 있다. 순환성이 좋은 NFT의 경우 단기 투자에 적합할 수 있고, 커뮤니티가 활성화되어 있으면서 홀더에게 정기적인 혜택이 주어지는 NFT 프로젝트라면 장기 보유하기에 적합하다.

블록체인은 빠르게 진화하고 있는 업종이다. 이는 오늘의 핫한 트렌드가 내일은 진부한 것이 될 수도 있다는 얘기다. 그럴지라도 급한 마음에 무턱대고 큰돈을 투자하는 것은 금물이다. 따라서 지금까지 알아본 스캠 프로젝트 선별법을 가장 먼저 염두에 두고 투자를 시작하길 바란다. 트렌드를 계속 살피면서 변화를 파악하는 것만큼이나 신중한 태도가 필요한 시점이다.

블록체인 네트워크: 메인넷 및 수수료(Gas Fee)

NFT를 발행하기 위해 오픈시에 들어가면, 블록체인(Blockchain) 항목에서 이더리움 네트워크와 폴리곤(Polygon) 네트워크 중 선택하라는 문구를 보게 될 것이다.

이는 매우 중요한 부분이다. 어떤 네트워크에 NFT를 발행하느냐에 따라서 앞으로의 많은 사항들이 결정되기 때문이다. NFT를 성공적으로 운영하기 위해 두 네트워크가 어떻게 다른지에 대한 이해가 필요하다.

Opensea.io

오픈시의 네트워크 선택 화면

수수료는 왜 발생할까?

먼저 블록체인 네트워크에서 '거래(TX: Transaction)'를 진행할 때 왜 '수수료(Gas Fee)'가 발생하는지 이해해야 한다.

블록체인의 어떤 네트워크이든, 기존의 금융 시스템처럼 중간에서 미들맨(은행 같은 금융기관)이 거래를 승인하는 구조가 아니라, 커뮤니티 자체가 검증을 하고 승인하는 형태로 운영된다. 때문에 커뮤니티에 수수료를 지불하게 된다.

수수료는 경제 시장의 수요와 공급 원리에 따라 움직인다. 활동이 많아 거래에 대한 수요가 높은 시간에는 비싸고, 수요가 낮을 때는 싸다. 그래서 블록체인 네트워크에서 다양한 활동을 하는 사용자들은 보통 바쁜 시간을 피하고, 사용자들이 상대적으로 적게 활동하는 시간을 선택해서 NFT를 거래한다. 수수료의 차이가 꽤 클 수 있기 때문이다.

특히 이더리움 네트워크에서 진행되는 거래는 수수료가 비싸고 또한 느리기까지 하다. 최초 NFT 민팅을 위해 이더리움 네트워크에서 시동(Initialized)할 때 50~200달러(약 6만~23만 원) 수준의 비용이 든다. 혼잡할 때와 아닐 때의 수수료는 약 4배 이상 차이가 나는 경우도 있다.

이더리움의 비효율성을 개선하기 위한 노력

이더리움 네트워크의 비효율성을 개선하기 위해서 이더리움 자체적으로, 또는 외적으로 많은 솔루션이 등장하였다. 그중 하나가 '레이어2(Layer2) 프로젝트'들이다.

레이어2 프로젝트는 기존 레이어1인 이더리움 네트워크와 호환하면서 수수료를 절감하고 속도를 개선하는 역할을 한다. '레이어(Layer)'는 '단계'를 의미하는데, 일반적으로 레이어1은 블록체인 메인넷 자체, 레이어2는 블록체인의 개선 및 확장, 그리고 레이어3는 애플리케이션 단계, 레이어4는 서비스 단계로 본다.

이더리움의 초당 처리 거래 수(TPS:Transaction Per Second)는 20

개 수준으로, 기존 금융 시스템인 비자(VISA)의 이론적 TPS인 2만 4,000개에 비하면 현저히 낮다. 따라서 확장성이 낮고 대중들이 사용하기에 비효율적이고 느리다. 그래서 레이어2를 통해 거래 내역이나 과정을 기록하면서, 레이어1에는 결과만 기록하며 데이터의 부담을 줄임과 동시에 빠르게 거래를 진행할 수 있도록 지원한다.

블록체인 네트워크는 데이터에 과부하가 오면 속도뿐 아니라 수수료가 증가하는 구조로 되어 있다. 레이어2를 활용해 내역·결과 값의 데이터가 각각 분산되면 네트워크가 일정 분량의 데이터만 처리하게 되어 더욱 안정적이다. 또 수수료가 낮아지는 효과가 생기기 때문에 사용자 입장에서는 더욱 경제적이고 효율적으로 사용할 수 있다.

이더리움을 이용하는 NFT 거래에서 발생하는 수수료는?

이더리움을 이용하는 NFT 거래에서는 세 종류의 수수료가 발생한다. 초기화 수수료(Initialization fee), 경매 수수료(Auction approval Fee), 거래 수수료(TX Fee)가 그것이다.

첫째, 초기화 수수료는 일회성 수수료이며, 이는 처음에 오픈시에서 거래를 시작할 때 한 번 청구된다. 일종의 계좌 설립 비용 개념으로 이해하면 쉽다. 다만, 지갑 주소를 여러 개 보유하고 있다면, 지갑별로 비용을 지불해야 한다.

둘째, 경매 수수료 또한 한 번 지불하면 되는데, 오픈시에서는 WETH(Wrapped ETH)이라는 이더리움의 랩드(Wrapped) 된 버전을 사용하기 때문에 이것의 사용에 동의하는 수수료를 지불하도록 되어 있다.

랩드(Wrapped)란, 말 그대로 '랩으로 포장했다'는 의미이다. 일반적으로 각기 다른 블록체인 네트워크는 서로 호환되지 않는다. 이를 해결하는 것이 '랩드'라는 개념이다. 예를 들어 비트코인(BTC)은 이더리움 네트워크와 호환되지 않게 설계되어 있으나, 랩드 과정을 거쳐 ERC-20 기반의 'Wrapped BTC' 즉 WBTC라는 형태로 존재할 수 있다. 즉, WBTC는 토큰화된 암호 화폐의 다른 버전으로, 실제 비트코인의 수량과 1:1의 동일 가치로 페깅되어 있다. 페깅을 해제하려면, '언랩(Unwrap)'을 실행하여 다시 BTC를 회수할 수 있다.

이렇게 오픈시에서는 WETH(랩드이더리움)을 사용하기 때문에 이에 대한 최초 승인이 필요하다. WETH는 ETH(이더리움)과 1:1로 페깅되어 있다고 해서 같은 것으로 판단해서는 안된다. 나중에 이더리움을 거래소 계좌로 이동할 때는 다시 ETH로 바꿔서 올바른 주소에 넣어야만 한다. 그렇게 하지 않을 경우에는 자산에 손실을 입을 수 있다.

셋째, 일반 거래 수수료는 거래를 진행하는 시점마다 발생한다.

NFT를 전송하거나, 구매하거나, NFT를 판매하기 위해 내놓았다가 취소하는 경우, 경매에 참여했다가 취소할 경우 등 거래가 일어나는 시점에는 항상 발생한다. 또 WETH와 ETH간 1:1 스왑(Swap, 교환)을 진행할 경우에도 수수료가 발생한다.

이더리움의 약점을 보완하기 위해 만들어진 폴리곤

이런 부분을 보완하고자 폴리곤과 같은 레이어2 솔루션이 개발되어 수수료 부담을 낮추고 처리 속도를 개선하고 있다.

하지만 폴리곤 네트워크에도 단점이 있다. 일단 폴리곤 네트워크에는 경매 기능이 없다. NFT 거래에서 중요한 부분 중 하나가 경매인데, 경매 기능은 현재 이더리움 네트워크 상에서만 실행된다. 또, 이더리움 네트워크는 그동안 꾸준한 기술 보완을 통해 높은 보안성을 구축해왔다. 따라서 보안 측면에서도 이더리움이 강점을 보인다. 인지도와 시장 규모도 이더리움이 앞선다. 이더리움은 누구나 알고 있지만 폴리곤이나 레이어2에 대한 내용은 생소하다. 일반적으로 언급되는 NFT 시장은 보통 이더리움 기반의 NFT 시장을 의미하는 정도이며, 전체 블록체인과 NFT 시장의 대부분을 차지하고 있다. 이용자 수가 적다는 것은 좋은 NFT를 발행해도 의도한 대로 거래가 잘 안 될 수도 있다는 뜻이기도 하다.

하지만 무턱대고 이더리움 네트워크에서 NFT를 발행했다가 수수료 폭탄을 맞고 손실만 입을 수도 있다. 따라서 블록체인 네트워크의 특성에 따라 잘 선택하는 것이 중요한데, 거래를 자주 하거나 저가의 NFT를 주로 거래할 생각이라면 폴리곤을, 규모가 큰 금액의 NFT 거래를 주로 하며 수집용으로 보유할 예정이라면 이더리움 네트워크를 선택하는 것이 유리하다.

NON-FUNGIBLE TOKEN

6 NFT 투자의
미래

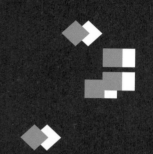

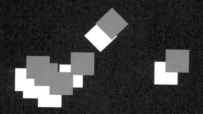

NFT의 미래는
어떤 모습일까?

    NFT를 비롯한 블록체인 세계는 현실 세계와 융합되는 추세이다. ICO 버블* 당시 사람들은 암호 화폐의 실체에 대한 의문을 품었다. '디지털에서 발행되어 디지털 세계에서만 사용되는 코인이 현실 세계에서도 가치를 가질 수 있을까' 하는 의문이었다. 하지만 블록체인 기술을 기반으로 암호 화폐를 이용해 거래하는 미술품 NFT로 인해 그런 의문은 사라지고 있다. 미술 투자 분야에서 NFT는 가상 세계와 현실 세계를 연결하여 예술·미술 시장의 대중적인 접근성을 높이고, 국가의 장벽마저 허물며 가치를 증명하고 있다.

---

* 코인 발행을 위한 자금 모집이 난립하여 암호 화폐의 가치가 과도하게 매겨졌던 일

이런 추세로 인해 이제는 더 많은 사람들이 블록체인에 관심을 갖고 시장에 꾸준히 진입하고 있다. 이에 맞춰 대중적인 애플리케이션도 여럿 개발되어 진입 문턱도 낮아졌다. 전문가들 위주로 움직였던 초기 채굴 시장과 달리, 현재 P2E, NFT 시장은 누구나 도전해 볼 수 있다.

디파이나 NFT는 또 디지털과 친숙한 MZ세대들이 선호하는 재테크 방법 중 하나로 활용된다. 최근에는 10대들도 이를 통해서 이미 경제적 자유를 달성하고 있는 사례가 많아지고 있다.

이미 우리 생활 속으로 스며든 NFT의 미래는 어떤 모습이고, NFT는 앞으로 또 어떤 문제를 해결할 수 있을까?

2차 시장(Secondary market)을 만드는 NFT

NFT는 예술 작품 창작자들에게 새로운 시장을 열어주었다. 바로 '로열티' 시장이다.

기존의 창작자들은 그들이 창작한 예술품에 대한 최초 판매에 대한 금액만 취할 수 있었다. 즉, 1차 판매에 대한 판매 대금이 전부였다. 하지만 NFT가 등장한 후 창작자들은 블록체인 기반의 기술을 통해 1차 판매 이후에 일어나는 판매에 대한 로열티도 자동적으로 받는 구조가 되었다. 여기서 '1차 판매'는 작품의 첫 번째 판매를 의미하고, '2차 판매'는 작품의 모든 후속 재판매를 의미한다.

예를 들어 A라는 창작자가 NFT를 발행하여 B에게 판매하였다. 향후 B가 C에게 이 NFT를 판매하여 2차 거래가 발생했다면, 이로 인해 최초 창작자인 A도 로열티를 받는다.(일반적으로는 10%의 로열티가 부과된다.) 만약 1차에는 1억 원에 판매한 작품이 2차 판매에서 10억 원에 판매되고, 그 후에 3차 판매에서 20억 원에 판매되었다고 가정하면, 1차 판매 수익 1억 원(수수료 포함)에 2차 1억 원(10%)과 3차 2억 원(10%)을 더해 총 4억 원 수익이 발생하게 된다. 기존 미술품 거래에서는 창작자가 1차 판매에 의한 수익만 얻을 수 있었지만, NFT 거래에서는 시간이 흘러 작품의 가치가 오르면 창작자에게도 부가 수익이 생기는 시스템이 만들어졌다.

NFT 시장은 이제 걸음마를 뗀 초기 시장이지만, 이미 수많은 창작자들이 이런 장점을 일찍 파악하고 NFT를 통해 창작물을 거래하고 있다. 그렇다면 앞으로 시장은 어디로 향할까?

시간이 지날수록 NFT는 증가할 것이고, 오랫동안 살아남아 가치가 높아진 NFT들이 재거래되는 NFT 2차 판매 시장 또한 하나의 큰 시장이 될 것으로 전망한다. 일반적으로 예술품들은 시간이 지날수록 가치가 높아진다. 따라서 이미 리스팅되어 있는 NFT들은 새로 만들어지는 NFT 작품보다 높은 가치를 가질 가능성이 짙다.

이미 2차 시장에 진출해 있는 NFT들은 여러 번 거래를 거치면서 그 가치가 증명되어 높은 가격대를 형성하고 있는 것들도 있다. 이렇게 2차 판매 시장이 활성화되면, 자기 작품의 가치를 인정받은 창작자는 로열티로 경제적 자유를 누릴 수 있는 세상이 올 것이다.

NFT는 희소성의 가치 등의 이점들로 인하여 2차 판매 시장이 활성화될 가능성이 높다. 그동안은 예술품이 개인 대 개인으로 거래되었기에 구매자 추적이 어려웠고, 때로는 검은돈 이동에 쓰이기도 했다. 그러나 블록체인을 통해 투명한 절차와 신뢰성이 보장되면 예술품의 2차 판매 시장이 더 확장될 것이다.

창작자들과 수집가들을 위한 최적의 시장이 활성화되면 NFT 시장 자체는 물론이고, 연동되는 메타버스를 비롯해 미술, 음원, 소설 등의 출판 업종까지 다양한 산업군의 발전에도 긍정적인 영향을 미칠 것으로 기대된다. 이렇게 NFT는 다양한 창작 업종에 기념비적인 변화를 가져올 것이며, 창작물에 대한 로열티와 관련한 산업에도 큰 변화를 기대할 수 있다.

DAO(탈중앙자율조직)가 만들어내는 변화

블록체인에는 꼭 알아야 할 또 다른 매우 중요한 기능이 하나 있는데 바로 '거버넌스(Governance)'다. 거버넌스는 의사 결정을 행사할 수 있는 구조를 의미한다. 블록체인 프로젝트에서는 자체 토큰을 발행할 때 거버넌스 기능을 탑재한 토큰을 발행하고, 이를 보유한 거버넌스 홀더들은 지분을 보유한 것과 동일하게 해당 프로젝트에 대한 투표권(Voting right)을 부여받는다. 기업의 주식을 보유하고 있을 때 의결권을 행사하는 형태와 유사하다고 보면 된다. 이렇게 권리를 부여받은 구성원들은 프로젝트에 대한 다양한 의사결정에 참여한다.

프로젝트를 운영하는 회사는 구성원들의 결정에 무조건 따르게 되어 있다. 블록체인 네트워크에서 토큰의 스마트 컨트랙트대로 이행되도록 설정되어 있기 때문인데, 스마트 컨트랙트는 '특정 조건을 달성하면 A가 자동으로 실행된다.'와 같은 형태로 구성되어 있다.

이렇게 거버넌스를 지닌 커뮤니티 홀더들이 모두 프로젝트의 지분을 공유하고, 주주가 되는 형태로 '커뮤니티가 함께 만들어가는 프로젝트'의 구조를 'DAO(탈중앙자율조직: Decentralized Autonomous Organization)'라고 한다. '미래 조직의 이상적인 형태'라고 평가받는 DAO는 커뮤니티 구성원들과 거버넌스 홀더들, 프로젝트 운영팀 등 다 함께 상생할 수 있는 이상적인 참여형 조직으로 운영된다.

DAO를 성공적으로 운영하기 위해서는 많은 노력이 필요하다. DAO가 잘 운영되려면, 거버넌스를 소유한 홀더들의 진정성이나 프로젝트에 대한 지식, 홀더 개인의 책임감 등에 대해 어느 정도 신뢰와 검증이 필요하다. 무책임한 사람들로만 구성되어 있다면 프로젝트가 제대로 운영되지 못할 위험도 있다. 하지만 일반적으로 거버넌스 홀더는 본인의 자본을 투자하여 자격을 취득하였기 때문에 프로젝트의 성공을 위한 최선의 결정을 할 것이라는 기본 전제가 있다. 때문에 현재 거버넌스 기능을 도입하여 운영하는 프로젝트들은 비교적 잘 운영되고 있다.

가상 부동산 프로젝트인 '디센트럴랜드'에서는 다양한 부분에서 거버넌스를 통해 커뮤니티 투표 결과로 의사 결정을 한다. 랜드의 경매 세부 사항 및 날짜, 프로토콜 업그레이드, 시장 수수료, 1차 판매 수수료, 커뮤니티 서버 추가·변경 여부, 개발사 개발 보조금 할당 등 프로젝트 운영 방침을 비롯한 수수료, 매출까지 거버넌스 투표를 통해 운영한다.

모든 개인은 자신의 의견이 존중받길 바란다. 개인의 권리가 중요해지고, 권력의 탈중앙화가 진행되는 웹 3.0 시대에는 우리 몸에 익은 많은 것들이 달라질 것이다. 조직이나 기업, 정부도 예외는 아니다. NFT 프로젝트를 통해 익숙해진 DAO 형태가 기업이나 정부에 적용되어, 투명하고 공정한 조직으로 개편될 지도 모를 일이다.

음원 시장에 미치는 영향

NFT는 예술·미술·게임 분야에서 시작하여 시장을 크게 성장시켜왔다. 그리고 이제는 새로운 업종으로 확장을 모색하고 있다. 블록체인을 적용한 음원, 영상, 영화, 소설 등 다양한 창작 분야에서 이런 시도들이 진행되고 있는데, 기존의 불공정 또는 불합리한 시스템을 블록체인을 통해 개선하고자 하는 움직임이 일고 있다.

음원은 이미 매우 대중적인 분야이며, 블록체인을 활용할 수 있는 범위가 넓고, 블록체인으로 해결할 수 있는 여러 가지 문제들이 있다. 음원에 대해 관심이 많은 미국은 음원의 수익 구조, 뮤지션 양성 과정, 저작권·소유권 등 다양한 부분에 NFT를 도입하여 오래된 문제를 해결하려는 커뮤니티들이 나타나고 있다. 카탈로그(catalog.works), 오디어스(audius.co) 등이 그것이다. 국내에서는 음원 거버넌스 기능을 탑재한 DAO(탈중앙자율조직) 형태의 음원 플랫폼을 구축 중인 '밀림엑스(millimx.com)', NFT 음원 플랫폼 '비트썸원(beatsomeone.com)', 음원 권리 투자사 '비욘드뮤직(beyondmusic.io)', 그리고 블록체인은 아니지만 분할 저작권 거래소 기능을 표방하는 '뮤직카우(musicow.com)'* 등이 이 같은 노력에 동참하고 있다.

음원 거버넌스를 실현하고자 개발된 음원 플랫폼 '밀림엑스'는 음원과 블록체인의 융합이 향해야 하는 방향을 제시한다. DAO 형태로 운영되기에 기존의 엔터테인먼트가 가수나 아티스트들에 대

---

* 2022년 4월에 금융위원회 산하 증권선물위원회는 뮤직카우를 음원 저작권 거래소가 아닌 '저작권 수익분배 청구권 거래소 기능을 하는 플랫폼'이라고 판단했다.

하여 모든 의사 결정을 하는 형태가 아닌, 커뮤니티 참여자나 기여자들이 엔터테인먼트의 구성원이 되어 함께 의사 결정을 하고 함께 프로젝트를 이끌며, 프로젝트에 영향을 미칠 수 있는 구조이다. 밀림엑스는 블록체인 기술을 융합하여 창작자와 아티스트에게 불합리하고 불공정했던 음원 시장 구조를 탈중앙화된 구조로 바꾸며, 거버넌스 기능을 통해 운영과 소비를 함께 하는 매우 이상적인 엔터테인먼트 프로젝트의 형태를 목표로 하고 있다. 참여하는 커뮤니티 개개인이 모두 엔터테인먼트사의 지분을 보유하고 주주가 되는 형태로 '커뮤니티가 함께 만들어가는 엔터테인먼트' 구조가 되는 것이다. 이런 커뮤니티는 아티스트, 커뮤니티 일원들, 프로젝트들이 함께 상생할 수 있는 음원 시장의 합리적 모델을 구축하는 첫 걸음이 될 것이다.

NFT로 인해 그동안 '무형의 가치' 취급을 받았던 디지털 자산이 '유형의 자산'으로 탈바꿈하고 있다. 이것은 블록체인 기술의 비전을 실현시키는 NFT의 역할에 많은 이들이 주목하고 있는 이유이기도 하다.

NFT 투자 시
고려할 점

　2018년 무렵 최초의 NFT 콜렉션인 크립토 펑크를 처음 보고 '이걸 왜 사지?'하고 비웃었던 기억이 난다. 당시 2~3이더리움 수준이었던 크립토 펑크 NFT는 지금 1,000이더리움 이상이 되었다.

　당시에는 작품 자체의 가치에 대해서만 생각했기에 가능성을 읽지 못했던 것 같다. 시야가 좁았다고 보는 것이 맞겠다. 시간이 지나고 현장에서 NFT 기술을 활용한 비즈니스를 진행하면서 PFP로 표현하는 사회적 위치 및 부의 가치, 커뮤니티 형성, NFT 홀더들에게 주어지는 부가 가치, 경제적 가치 등 다양한 요소들이 숨어 있음을 깨닫게 되었다.

　'블록체인의 1개월은 타 업종의 1년과 맞먹는다.'라는 이야기가 있을 정도로 블록체인 시장은 매우 빠르게 변화하고 진화한다. 모든 상황을 이해하기에 시간이 부족할 정도이다. 이제는 블록체인과 암호 화폐, NFT 등의 새로운 경제를 일종의 '현상(Phenomenon)'으로 받아들이는 것이 현명하다. 가시적으로 드러나지 않는 글로벌 시장의 움직임에 따라, 개발자와 이용자의 수요와 공급 구조에 따라 빠르게 가격이 형성되고 변화하기 때문에 일일이 분석하고 따라잡을 수 없는 측면이 존재하기 때문이다.

현재 NFT 기술의 한계

'현상'이라 불릴 정도로 많은 이들이 주목하고 있지만 NFT 거래에는 아직 미해결 과제들이 많다.

암호 화폐 지갑, 가스비, 지갑 연결, 브릿지 등 블록체인에 대한 기본 지식과 개념에 대한 이해가 필요하기에 일반 사용자들의 진입이 어렵고, 기술적으로는 느린 처리 속도 및 비싼 수수료, 호환성 등의 문제가 있으며 심지어 거래소에서 환전하는 데도 불편함이 존재한다.

NFT의 시스템은 아직 미성숙 단계이며, 원본의 정당한 권리자인지 여부를 검증하거나 복제품에 대한 민팅을 방지할 장치가 부족해 무(無)권한자가 복제품에 대한 NFT를 발행하는 경우도 있다.

이렇게 등장한 불법 복제품이나 모조품은 투자자들을 현혹한다.

또 NFT를 소유한다고 해서 자동적으로 디지털 자산에 대한 저작권을 보유하게 되는 것이 아니기 때문에 저작권과 소유권이 분리되는 경우가 많은데, 자칫 NFT를 구매하는 것을 마치 해당 디지털 자산에 대한 이용 권한을 보유하게 되었다고 착각할 수 있다.

이렇게 NFT로 발행되는 디지털 자산에 대한 저작권 이슈가 해결되지 않는다면 머지않아 NFT의 특징이자 장점이 퇴색될 여지가 있다. 업계의 많은 이들도 이 문제에 공감하며 기술적으로 해결할 수 있는 방법을 찾고 있다.

보통 NFT들은 소유권에 대한 부분만 블록체인 상에 기록하고, 그에 대한 실물 파일은 서버에 저장한다. 그림이나 동영상의 용량이 크기 때문이다. 이때 NFT가 IPFS 탈중앙화 서버에 저장된다면 기술의 취지에 걸맞게 영원히 존재하는 NFT가 될 수 있지만, 프로젝트의 중앙 서버에 저장될 경우 심각한 문제를 초래할 수 있다. 해킹되거나 프로젝트가 중단되면 NFT의 실체는 증발하고 블록체인의 소유권이라는 '증빙 서류'만 남는 상황이 발생하기 때문이다.

NFT 거래가 가지고 있는 위험성

NFT 프로젝트는 대부분 엄청난 창의력을 동원한 스토리를 만

들어 사람들에게 기대감을 심어준 뒤, 이야기를 듣는 사람 스스로
가 상상력을 동원하여 가치를 높이도록 설계한다. 그래서 프로젝트
관리자가 인기 관리에 소홀하거나 처음 스토리텔링을 한 대로 진
행되지 않아 인지도가 하락할 경우, 커뮤니티와 지지자들이 떠나게
되어 가치 하락을 피할 수 없다. NFT도 기존의 코인 시장과 유사
하게 큰 가치 변동이 발생할 수 있다는 뜻이다.

NFT는 아직 투자 안전성에 대한 검증이 끝나지 않은 단계다.
언론에 자주 등장한 고가 예술 작품의 NFT 거래는 창작자들이 자
체적으로 일으킨 것으로 파악되었다. 자연적인 거래가 아니라 마켓
을 홍보하기 위한 활동의 일환이라는 뜻이다. 또 일반적으로 암호
화폐로 부를 얻은 투자자들이 다시 NFT에 재투자하는 경우가 많
은 것으로 알려져 있어, 대중들이 생각하는 것보다 신규 유입 인구
는 적은 것으로 보인다.

NFT를 탈세 등 불법 자본 이동 목적으로 악용하는 사례도 증가
하고 있다. 국내에서도 '다단계 픽방*' 등을 운영하며 불법 자금을
기반으로 운영되는 프로젝트들이 발견되고 있어 주의를 요한다. 이
런 프로젝트들은 책임질 기관이 없는 구조로 설계되기 때문에 투자
로 인한 손해는 오롯이 투자자의 몫이다.

* 오를 만한 NFT 작품을 찍어주면서 한꺼번에 투자금이 몰리게 한 다음 운영진만 큰 이익을 얻고 사라
지는 수법

그럼에도 불구하고, NFT의 가능성

반면에 NFT와 블록체인은 많은 긍정적인 측면과 큰 잠재력이 있다.

세계적인 영어 사전 출판사인 영국의 콜린스사는 2021년 올해의 단어로 'NFT'를 선정했다. 이는 같이 후보에 오른 메타버스, 크립토를 제친 것이다. 콜린스 사전에 따르면, 2021년 NFT 단어의 사용량은 1만 1,000% 증가했다고 한다.

NFT는 2018년 4,000만 달러 시장에서 2020년에는 3억 4,000만 달러 시장으로, 2021년 1분기 12억 달러, 2021년 3분기에는 100억 달러 이상의 시장으로 엄청난 속도의 성장을 보여주었다. 이에 따라 거대 자본을 가진 대기업들도 NFT 시장에 뛰어들어 판을 키우고 있다.

앞서 1부에서 살펴본 기업들 외에 식품 분야의 피자헛, 타코벨, 프링글스 등이 NFT를 발행하였고, 스포츠 분야의 아디다스는 트위터 PFP를 BAYC로 걸어 놓으며 NFT를 판매하기도 하였다. 샤넬 등 명품 브랜드들은 메타버스 프로젝트들에 적극 진출하여 가상 세계의 패션 아이템을 NFT 형태로 판매하며 새로운 수익을 창출하고 있다. 스포츠 분야에서도 국내 프로 야구팀에서는 두산베어스가 '두산버스'라는 메타버스를 구축하였다.

이렇게 시장은 다양한 분야로 확장하고 있다. 메타버스와 NFT

는 떼려야 뗄 수 없는 구조*로 확장되고 있으며 가상 세계, 증강현실 콘텐츠를 풍부하게 하기 위해 NFT 기술이 더욱 중요하게 쓰일 것으로 보인다.

가상 화폐 시장과 NFT 시장을 아예 별도 시장으로 보는 사람을 가끔 본다. 하지만 이 둘은 완벽하게 연관되어 있기 때문에 달리 생각할 필요가 있다. 가상 화폐 시장에서 운영하는 코인들은 어떤 프로젝트와 연관된 경우가 대부분인데, 그 프로젝트가 바로 NFT인 경우가 많다. 따라서 이런 프로젝트들이 잘되면 NFT 시장에도 긍정적인 영향을 미친다. 가상 화폐 투자자들이 NFT 투자인 경우도 많아서, 가상 화폐 시장에서 수익이 나면 NFT에도 투자를 하게 되고 이렇게 수요가 증가하면 NFT 가격도 상승하는, 선순환 구조가 만들어진다. 물론, 반대로 코인 시장이 안 좋아질 경우 NFT에 투자할 자금이 줄면서 NFT도 구매 수요가 줄어 가격에 안 좋은 영향을 미칠 가능성이 높다. 이런 시장에 대한 이해를 바탕으로 NFT에 접근하는 것이 매우 중요하다.

'NFT가 실제로 가치를 가지는가, 그렇지 않은가'에 대한 논의는 이제 더 이상 의미도 없고 중요하지도 않다. 가치라는 것은 철저

---

* NFT는 메타버스 내에서 경제 활동을 지원한다. 그리고 메타버스에서 사용되는 탈중앙화된 제품(NFT)을 거래하기 위해서는 블록체인 기술이 반드시 필요하다.

하게 경제적인 구조 안에서 수요와 공급의 법칙에 따라 형성되며, 이미 그 가치를 형성하고 유지하고 있는 참여자들이 있다면 논란의 여지 없이 '가치가 있는' 것이다.

몇 년 전, NFT를 두고 '사는 사람이 바보인가, 사지 않는 사람이 바보인가'하는 질문이 있었다. 결국은 'FOMO* 증후군'으로 귀결되는 이야기인데, '나만 뒤처지는 것 같아서' 조급하게 뛰어들면 결국 좋은 결과로 이어지지 않을 때가 많다.

특히 과열 조짐이 보이는 초기 시장에서는 항상 '21세기판 봉이 김선달'들이 실체 없는 강물을 팔려고 호시탐탐 노리고 있으니 좋은 상품을 골라내는 안목을 기를 필요가 있다. 불안감에 빠지지 말고, 희소성의 법칙을 활용한 투자 유도 등에 유의하여 본인이 직접 판단하는 것이 가장 중요하다. 이런 부분들을 참고하여, 모두에게 NFT 투자가 성공적이고 긍정적인 경험이 되었으면 한다.

---

* Fear Of Missing Out, 다른 사람들이 하는 재미있거나 유익한 일에서 나만 소외됐다는 두려움

실전 투자자 4인에게 듣다

◆◆◆　끝으로 이 책을 다 읽은 당신과 다르지 않은, 평범한 투자자들의 NFT 투자 경험담을 들어 보겠다. 전문가들의 시장 분석과 조언도 도움이 되지만 나와 비슷한 배경을 가진 이들의 생생한 경험담이 때로는 더 와닿는다. 한 발 앞서 시장을 경험한 이들의 성공담 또는 실패담은 새로운 도전에 따르는 두려움을 상쇄시키고, 같은 실패를 반복하지 않도록 도울 것이다.

이름: 김민영
나이: 24세
직업: 직장인(전 간호사, 현 NFT 프로젝트 팀원)
투자 경력: 주식 투자 8개월, 암호 화폐 투자 1년, NFT 투자 6개월

NFT 투자를 시작한 계기는 무엇인가요?

한창 메타버스가 테마주로 주목받을 때 메타버스 관련주를 공부하고 투자도 했습니다. 그 과정에서 메타버스와 NFT는 뗄 수 없는 키워드라는 말에 NFT에 대해서도 본격적으로 공부를 시작했습니다. 하지만, 당시에는 얻을 수 있는 정보가 한정적이었습니다. NFT에 관한 구체적인 정보는 거의 없고, 뜬구름 잡는 듯한 개념 설명만 가득했죠. 결국 직접 투자해 보는 것이 가장 빠른 학습 방법임을 깨닫고 'KLITS'라는 NFT 민팅을 하면서 NFT 투자를 시작하게 되었습니다.

NFT 투자를 위해 얼마의 자금을 준비하셨나요?

당시 투자로 운용하던 시드 머니가 130만 원 정도였고, 그중 50만 원으로 NFT 투자를 시작했습니다.

어떤 NFT에 투자하고 계신가요?

이더리움 계열 NFT는 수수료(가스비)가 높기 때문에 피하는 편이고, 주로 클레이튼 계열 NFT에 투자하고 있습니다.

이더리움 계열 NFT는 FishyFam을 구매한 적 있는데, 결국 큰 손해를 보고 팔게 되었습니다. 이후 남은 이더리움으로 단타만 신중히 진행하며 배우고 있습니다.

장기 투자로는 레이지고메클럽, 테라월드를 보유하고 있으며 선미야 클럽도 최근까지 홀딩하다가 만족스러운 구간이라고 생각하여 매도했습니다.

투자 목적보다는 취미 같은 즐거움용 NFT로 Kepler-452b, 쿠나도 보유하고 있습니다.

이 외에 실패했다고 생각되지만 NFT 특성상 판매하지 못하고 가지고 있는 프로젝트도 몇 개 있습니다. NFT는 거래가 즉시 체결되지 않고 구매자가 없으면 팔 수 없기에 마음을 비우고 있습니다.

앞에서 답한 투자처를 고른 이유는 무엇인가요?
또 NFT 투자처를 결정할 때 본인만의 기준이 있다면 함께 알려 주세요.

장기 투자처를 결정한 계기에 대해 먼저 말씀드릴게요.

테라월드에 장기 투자를 결정한 이유는 테라 체인에 대한 믿음 때문입니다. 저는 테라월드 클로즈베타에도 참여했는데요, 테라 생태계가 원활하게 유지된다면 결국에 가치 상승이 같이 일어날 것이라 보고 있습니다. 메타버스 플랫폼이기에 시간이 1~2년 이상 걸릴 것으로 예상해서 장기 투자를 선택했습니다.

레이지고메클럽은 제시하는 로드맵이 흥미롭고 커뮤니티에 참여하는 행위 자체가 재미있어서 장기 투자하는 곳입니다. 투자 규모나 거래량 등 아쉬운 점도 있지만, 처음으로 단순 투자를 넘어 생태계에 참여하고 싶다는 마음이 생긴 프로젝트였습니다. 프로젝트가 제시하는 방향성이 대중의 공감을 얻을 수 있고, 운영팀의 방향성이 확고한 것도 투자 결정의 배경이 되었습니다.

프로젝트를 믿지 못하면 불안감 때문에 장기로 투자하기가 어렵습니다. 현실적이고 매력적인 로드맵, 막강한 VC, 운영팀의 자세, 커뮤니티 운영 능력 등을 살피다 보면 믿음이 생기고 특별히 마음이 가는 프로젝트가 있는데 그런 곳에 투자합니다. 하지만 장기 투자를 목표로 구입한 NFT라도 제가 생각한 방향성과 어긋난다고 느끼면 정리합니다.

단기 투자는 2차 매수는 지양하면서 민팅 중심으로 진행하고 있습니다. 민팅 여부를 결정할 때는 오픈채팅방, 디스코드, 텔레그램에서 사람들의 반응을 가장 중요하게 여기고 있습니다. 물론 VC, 백서 등 다른 부분도 신경 씁니다. 민팅 이후에는 프로젝트 거래 내역을 2~3시간 정도 살피며 매도 타이밍을 잡습니다.

현재까지 투자 결과는 어떤가요?

우선 NFT 초기 자금 50만 원 이외에는 자금을 추가하지 않았습니다. NFT 수익만 생각해 보면 대략 800만 원 정도입니다.

지금 막 NFT에 관심을 가지고 투자를 시작하려는 초심자에게 조언을 한다면?

모든 투자가 그렇듯 NFT도 확실한 근거를 가지고, 이성적으로 해야 합니다. 주식이나 코인은 손절하고 싶을 때 즉시 매도할 수 있지만 NFT는 누군가 구매해 주지 않으면 판매할 수가 없다는 점을 꼭 기억하셨으면 좋겠습니다.

또 NFT는 오를 때 크게 오르는 만큼 내리는 속도도 무섭도록 빠릅니다. 긴 기간은 아니지만 NFT 투자를 하면서 잘 되는 NFT들의 공통점 세 가지를 발견했습니다. '근본 프로젝트(어떤 프로젝트의 뿌리 혹은 시초가 되는 가장 중요한 NFT)의 지속적인 상승', '조용하던 프로젝트의 기술적 성숙', '민팅 기대주의 상승 행보'가 그것입니다. 이 요소들을 저만의 투자 지표로 삼고 있습니다. 여러분도 자신만의 투자 기준을 세워보시길 바랍니다.

마지막으로 NFT에 대해 알고 싶다면, 우선 하나라도 사서 참여해 보기를 권합니다. 투자를 하다 보면, 분명히 마음이 가고, 재미있다고 느끼는 프로젝트를 만나게 될 것입니다. 그렇게 NFT만의 독특한 요소인 '커뮤니티'에 참여하면서 더 깊은 수준의 투자를 할 수 있을 것이라 봅니다.

이름: 이호창
나이: 26세
직업: 직장인
투자 경력: 주식 투자 6년, 암호 화폐 투자 5년, NFT 투자 1년

NFT 투자를 시작한 계기는 무엇인가요?

해외에 있는 친구들을 통해 2020년 말부터 미국 샌프란시스코에서 NFT가 뜨고 있다는 소식을 접했습니다. 그때부터 크립토 펑크를 봐왔고 가격이 1~5이더리움 정도인 NFT들을 샀습니다. 그중에는 실패한 프로젝트도 있고, 성공한 프로젝트도 있습니다. 실패한 프로젝트도 새로운 문화에 기여하는 경험이라 값지다고 느꼈던 것 같습니다.

NFT 투자를 위해 얼마의 자금을 준비하셨나요?

투자를 시작할 당시(2020년 말)에는 약 15이더리움 정도의 자금이 있었고, 현재 보유한 NFT의 총 가치는 약 170이더리움 정도입니다. 이 외에 좋은 NFT가 있으면 수집하려는 목적으로 40이더리움 정도 여유 자금을 준비해 두고 있습니다.

어떤 NFT에 투자하고 계신가요?

MAYC, Clone X, Doodles, Cool cats, Murakami seed, Spottie 등을 보유하고 있습니다.

앞에서 답한 투자처를 고른 이유는 무엇인가요?
또 NFT 투자처를 결정할 때 본인만의 기준이 있다면 함께 알려 주세요.

예전에는 성장 가능성과 많은 사람들이 원하지만 구매를 망설이는 곳들에 베팅을 했습니다. 그것이 유망주를 선점하는 방법이라고 생각했거든요.

최근에는 유틸리티(NFT를 소유함으로써 받는 혜택)가 있는 프로젝트에서 발행한 NFT를 구매하고 있습니다. 한국을 포함한 아시아권의 프로젝트들도 주의 깊게 보고 있는데요, 특히 고스트 프로젝트, 스포티움 프로젝트 등에 관심이 있습니다. 다만 고스트 프로젝트 같은 경우, 유틸리티로 얘기했던 것들이 실현되지 않아서 조금의 손해를 보고 판매하기도 했습니다.

현재까지 투자 결과는 어떤가요?

이익의 축에 속하는 것 같아요. 아직 현금화하지 않았기 때문에 정확한 금액은 알 수 없지만, 200이더리움 이상의 현금 이익을 보았고(이더리움의 가격도 2020년 말 당시 100만 원에서 2022년 4월 현재 500만 원까지 올랐기 때문에 약 50배 정도 수익), 이 외에 보유한 NFT의 부가 혜택으로 화이트리스트를 받거나 에어드롭 받은 것도 있습니다.

지금 막 NFT에 관심을 가지고 투자를 시작하려는 초심자에게 조언을 한다면?

향후 1~2년 정도 NFT 시장은 성숙기를 경험하게 될 것입니다. 이에 따라 전체적인 경제의 규모도 작아질 수 있고요. 하지만 그 안에서도 좋은 프로젝트는 계속 등장할 것이고, 그 과정에서 수익을 내는 투자자는 계속 나타날 것입니다. 남들이 투자하는 것을 따라하지 말고, 그 프로젝트가 어떤 목표를 가지고 있는지, 운영자의 능력이 있는지, 꾸준히 거래될 만한 아이템인지 등을 지속적으로 탐구하고 확장성 및 커뮤니티를 보고 투자하시기를 권합니다.

이름: 조영욱
나이: 38세
직업: 직장인
투자 경력: 주식 투자 2년, 암호 화폐 투자 2년, NFT 투자 1년

NFT 투자를 시작한 계기는 무엇인가요?

2021년 블록체인 코인 상승 시기에 코인 생태계에 관심을 가지기 시작했습니다. 국내 거래소에서 급등하는 몇몇 종목뿐 아니라 코인 생태계 전체에 대한 관심을 가지다가 klay(클레이튼) 코인에 투자를 시작했습니다.

그후 디지털 아트 작가 미스터미상의 NFT 작품을 보게 되었고, 작가의 클레이튼 기반 NFT를 구입하면서 NFT 투자를 시작하게 되었습니다.

NFT 투자를 위해 얼마의 자금을 준비하셨나요?

NFT 투자를 위해 특별히 자금을 준비하거나 별도 구분하지는 않았고, 50만 원 안팎의 금액을 관심 있는 NFT 민팅에 투자하고 있습니다.

어떤 NFT에 투자하고 계신가요?

미스터미상의 NFT 작품 3개와 메타캣 등을 보유하고 있습니다.

앞에서 답한 투자처를 고른 이유는 무엇인가요?
또 NFT 투자처를 결정할 때 본인만의 기준이 있다면 함께 알려 주세요.

NFT 시장의 선구자나 개인적으로 신뢰하는 아티스트가 발행하는 NFT에 투자를 하고 있습니다. 단순히 돈을 벌기 위한 NFT가 아니라, 좋아하는 아티스트의 작품을 소유한다는 개념이죠.
미스터미상 작가는 현대인의 삶을 주제로 하는 점, 애니메이션 형식을 취하는 점에서 크립토 내러티브가 확실할 뿐만 아니라 디지털 생태계에 최적화된 형식과 세계관을 만들고 있다고 생각해 투자하게 되었습니다.

현재까지 투자 결과는 어떤가요?

클레이튼 기반의 NFT를 구입했는데, 가상 화폐 가치 하락에 의해 손실을 보고 있는 상황입니다. NFT 구입 당시 클레이튼의 원화 가치는 3,000~4,000원이었는데, 지금은 1,500원 대입니다. 연동된 코인의 가치 하락에 의해 손실이 있는 상황 이죠.

지금 막 NFT에 관심을 가지고 투자를 시작하려는
초심자에게 조언을 한다면?

2021년 초반에 NFT 투자를 시작한 저는 얼리어답터에 속 했습니다. 투자를 시작한 이래 NFT 시장은 계속 성장했고, 2022년 초에는 NFT 시장의 열기가 정점에 달하면서 기대 심리도 높아졌었는데요, 지금은 '좀 더 지켜봐야겠다'는 생 각입니다.

개인적으로는 NFT를 '투자'보다는 '기존 비즈니스와 결합해 새로운 비즈니스를 탄생시키는 주요 기술'로 보고 있습니다. NFT 산업이 더 활성화되기 위해서는 커뮤니티가 더 다채로 워져야 하고, 사회 구성원들 간의 협의도 필요합니다. 그래서 현 상황에서는 NFT를 투자 자산으로 보기보다 자신이 좋아 하는 산업의 디지털 상품, 좋아하는 아티스트의 작품을 소유 할 수 있는 기술로 생각하면서 투자하는 것을 추천합니다.

이름: 청춘의일상
나이: 33세
직업: 직장인
투자 경력: 암호 화폐 투자 2년, NFT 투자 6개월

NFT 투자를 시작한 계기는 무엇인가요?

암호 화폐 투자를 하면서 자연스럽게 NFT에 대해 알게 되었고, 투자도 시작하게 되었습니다.

NFT 투자를 위해 얼마의 자금을 준비하셨나요?

메타콩즈 NFT 구입과 P2E 카드게임인 실타래 민팅으로 투자를 시작했는데요, 초기 자금은 2,000만 원 정도였습니다.

어떤 NFT에 투자하고 계신가요?

메타콩즈, 실타래, 테라월드, 샌드박스, 가이아프로토콜 등에 투자하고 있습니다.

앞에서 답한 투자처를 고른 이유는 무엇인가요?

또 NFT 투자처를 결정할 때 본인만의 기준이 있다면 함께 알려 주세요.

NFT 투자를 할 때 프로젝트를 이끄는 사람이 누구인지, 커뮤니티가 잘 운영되고 있으며 참여도가 높은지, 초기 투자자는 누구인지 살펴보고 있습니다. 또 잘 알지 못하는 곳에는 투자하지 않는다는 원칙을 가지고 있습니다. 국내 기반의 NFT가 아닌 솔라나, 이더리움 쪽으로는 공부가 부족하다고 판단하여 적극적으로 투자하지 않습니다.

현재까지 투자 결과는 어떤가요?

2022년 상반기 현재 10배 정도 수익을 거두고 있습니다. 암호 화폐 시장과 NFT 시장이 좋지 않은 상황에서 긍정적인 투자 실적이라고 생각합니다.

지금 막 NFT에 관심을 가지고 투자를 시작하려는 초심자에게 조언을 한다면?

모든 투자가 마찬가지겠지만 투자처에 대한 확신이 있을 때 구입하고, 신중하게 선택한 NFT의 가능성을 믿고 신뢰하는 것이 중요한 것 같습니다. 제가 메타콩즈 NFT를 단순히 수익률로만 계산해서 2배 오른 시점에 팔았다면 지금의 수익률은 없었을 것이라 생각합니다.

투자처에 대한 확신과 믿음을 가지기 위해 정보 수집과 공부는 필수겠죠.

NON-FUNGIBLE TOKEN

나의 첫 NFT 투자 수업

초판 1쇄 인쇄 2022년 5월 23일
초판 1쇄 발행 2022년 6월　1일

지은이 황정환 박지영 김현호
펴낸이 김선식 이주화

기획편집 박혜연
개발팀장 최혜진
외주스태프 디자인 정란

펴낸곳 ㈜클랩북스 **출판등록** 2022년 5월 12일 제2022-000129호
주소 서울시 마포구 독막로3길 39 603호 (서교동)
전화 02-704-1724 **팩스** 02-703-2219
이메일 clab22@dasanimprint.com
종이 한솔피엔에스 **인쇄·제본** 한영문화사 **코팅·후가공** 평창피엔지

ISBN 979-11-978891-0-3 (03320)

㈜클랩북스는 독자 여러분의 책에 관한 아이디어와 원고 투고를 기다리고 있습니다.
책 출간을 원하시는 분은 이메일 clab22@dasanimprint.com으로 간단한 개요와 취지, 연락처 등을
보내주세요. '지혜가 되는 이야기의 시작, 클랩북스'와 함께 꿈을 이루세요.